Willibert Pauels

Guter Draht nach oben

Willibert Pauels

Guter Draht nach oben

Impulse von der Bodenstation

FREIBURG · BASEL · WIEN

© Verlag Herder GmbH, Freiburg im Breisgau 2023
Alle Rechte vorbehalten
www.herder.de

Die Bibelverse wurden, soweit nicht anders angegeben, folgender Ausgabe entnommen:
Die Bibel. Die Heilige Schrift des Alten und des Neuen Bundes. Vollständige deutsche Ausgabe
© Verlag Herder, Freiburg im Breisgau 2005

Umschlagmotiv und -gestaltung sowie Illustrationen im Innenteil:
© Designbüro Gestaltungssaal, Rohrdorf
Satz: Röser MEDIA GmbH & Co. KG, Karlsruhe
Herstellung: GGP Media GmbH, Pößneck
Printed in Germany

ISBN Print 978–3-451–03475–6
ISBN E-Book (EPUB) 978–3-451–83475–2

Inhalt

Vorwort oder: Warum wir alle ein persisches Wort kennen 7

Es beginnt in einem Garten: Die Schöpfung 11
   1. Kalenderwoche: Die Heiligen Drei Könige und der Sturm aufs Kapitol 15
   2. Kalenderwoche: Annette von Droste-Hülshoff 19
   3. Kalenderwoche: Heiliger Antonius aus Ägypten 23
   4. Kalenderwoche: Die Bekehrung des heiligen Paulus 25
   5. Kalenderwoche: Das Fest der Darstellung des Herrn 29
   6. Kalenderwoche: Glocken – im Karneval und immer 33
   7. Kalenderwoche: Über die Feindesliebe 37
   8. Kalenderwoche: Sterbehilfe 41
   9. Kalenderwoche: Der Hauptmann von Köpenick 45
  10. Kalenderwoche: Weltfrauentag 49
  11. Kalenderwoche: Vor-Freude 51
  12. Kalenderwoche: Das Grabtuch von Turin 55
  13. Kalenderwoche: Heilige Teresa von Ávila 57
  14. Kalenderwoche: Ostern in aller Freundschaft 61
  15. Kalenderwoche: Aus dem Grab in die Welt 63
  16. Kalenderwoche: Das Senfkorn 67
  17. Kalenderwoche: Heilige Katharina von Siena 69
  18. Kalenderwoche: Plausibel: der Osterglaube 73
  19. Kalenderwoche: Heilige Corona und heiliger Pankratius ... 75
  20. Kalenderwoche: Draußen vor der Tür 79
  21. Kalenderwoche: Himmelfahrt 81
  22. Kalenderwoche: Marcel Reich-Ranicki 85
  23. Kalenderwoche: Das Geheimnis der Eucharistie 87
  24. Kalenderwoche: Aufrecht stehen 91
  25. Kalenderwoche: Abschied von einem Freund 95
  26. Kalenderwoche: Roms Heilige Pforten 97

Der Weg durch den Garten des Lebens:
Der Herr ist mein Hirte **101**
   27. Kalenderwoche: Fußball 105
   28. Kalenderwoche: Bergwanderung 107
   29. Kalenderwoche: Heilige Maria Magdalena............. 109
   30. Kalenderwoche: Heiliger Christophorus 113
   31. Kalenderwoche: Sirtaki 115
   32. Kalenderwoche: Heiliger Dominikus................. 117
   33. Kalenderwoche: Die Aufnahme Mariens in den Himmel.. 119
   34. Kalenderwoche: Loriot 123
   35. Kalenderwoche: Heiliger Augustinus................. 125
   36. Kalenderwoche: Berührungen 127
   37. Kalenderwoche: Bei Gott*! Die Genderdebatte 131
   38. Kalenderwoche: Heiliger Januarius 135
   39. Kalenderwoche: Arions Arie 139
   40. Kalenderwoche: Die deutsche Einheit................ 141
   41. Kalenderwoche: Der Rosenkranz.................... 143
   42. Kalenderwoche: Bläck Fööss 145
   43. Kalenderwoche: Pinchas Lapide und die Bibel......... 149
   44. Kalenderwoche: Lebensherbst 153
   45. Kalenderwoche: Was ist das Ziel?................... 155
   46. Kalenderwoche: Heilige Elisabeth von Thüringen 159
   47. Kalenderwoche: Weltuntergang..................... 161
   48. Kalenderwoche: Wachet auf! 165
   49. Kalenderwoche: Heilige Barbara 169
   50. Kalenderwoche: „Unbefleckt" und ohne Erbsünde?...... 173
   51. Kalenderwoche: Gott ist groß – und ganz klein......... 177
   52. Kalenderwoche: Das logische Weihnachtsevangelium 179

Und es endet in einem Garten: Aus dem Baumstumpf ... ein neues
Paradies... **185**

Anmerkungen...................................... **189**

Vorwort
oder: Warum wir alle ein
persisches Wort kennen

„… denn im Jarten des Lebens ist Humor der beste Dung,
   dat sacht: der bergische Jung."

Unzählige Male habe ich diesen Satz am Schluss meiner Büttenreden und am Ende meines Soloprogramms auf den Brettern, die die Welt bedeuten, gesagt. Jeder und jede aus meiner Zuhörerschar kann diesen Vers schon fast mitsprechen. Und deshalb steht er nach wie vor auch immer am Ende meines „Worts zum Samstag", das ich schon mehr als 1000 (in Worten: tausend!) mal im Kölner „Domradio" sprechen durfte.

Aus dieser enormen Menge hat mein Lektor Martin Merz 52 Episoden ausgewählt und in lesbare Form gegossen. Für jede Kalenderwoche einen Beitrag. Bei der Zählung hat er das Jahr 2023 mit seinen Fest- und Feiertagen zugrunde gelegt, aber Sie können das Buch auch in jedem anderen Jahr als wöchentlichen Begleiter nehmen oder natürlich auch an einem Stück durchlesen. Ebenfalls über 1000 (in Worten: tausend) Dank dafür, lieber Martin. An meinen Finalspruch anknüpfend hat er jeweils passend den „Garten des Lebens" so umgepflügt und neu mit Worten bepflanzt, dass er zu der Geschichte passt. Genial!

Und was hat das mit der persischen Sprache zu tun, die ich in der Überschrift dieses Vorwortes erwähnt habe? Nun: Das persische Wort für „Garten" kennen wir alle; es lautet nämlich „Paradies". Deshalb wird es in der Bibel auch hin und wieder „der Garten Eden" genannt. „Eden" ist dabei das hebräische Wort für Wonne, das Paradies ist eben der Garten der Wonne.

Unzählige Assoziationen ziehen in meinem Sinn vorüber, wenn ich das Wort „Garten" oder „Paradies" höre. Die anrührendste zuerst:

Es gibt in der gesamten Schrift des sogenannten „Neuen Testaments" unserer Bibel nur eine einzige Stelle, wo Jesus nur mit seinem Vornamen angeredet wird. In allen übrigen Anreden erhält der Rabbi aus Nazareth stets einen Bei- oder Ehrennamen. Da heißt es dann „Jesus Meister" oder „Jesus, mein Rabbi" oder gar „Jesus, mein Herr und mein Gott". Aber nur einmal einfach: „Jeshu". So zärtlich und schlicht, wie ihn wohl seine Mutter und seine Freunde stets begrüßend angesprochen haben. Dazu ist es wichtig zu wissen, dass das latinisierte Jesus auf Hebräisch eben Jeshu heißt und dies die Koseform von Joshua ist. Joshua aber, das weiß jeder Jude und jeder religiös Gebildete, war jener Held, der das Volk Israel, nachdem es 40 Jahre in der Wüste gewandert war, endlich über den Fluss Jordan in das gelobte Land, in den ersehnten Garten Eden, nach „Herez Israel" führte.

Wo aber ist diese Stelle, an der die Anrede schlicht Jeshu heißt, und vor allem, wer spricht sie aus?

Fromme christliche Zeitgenossen hören sie Jahr für Jahr am Karfreitag, in der „Feier des Leidens und Sterbens unseres Herrn Jesus Christus". Wie uns die Evangelien erzählen, wurde Christus in einer Trias gekreuzigt. Rechts und links von ihm die zwei sogenannten „Schächer", Schwerverbrecher, Mörder vielleicht, wer weiß? Und einer dieser „Galgenvögel" spricht ihn genau so an:

„Jeshu, denkst du an mich, wenn du beim Vater bist?"

Und Christus antwortet mit dem, wie ich persönlich finde, tröstlichsten Satz des Evangeliums:

„Ich sage dir: Heute noch wirst du mit mir im Paradies sein." [1]

Mitten im Abgrund der entsetzlichsten Qual, in der Hölle der Schmerzen, im Tal des Todes, im Schatten der Angst – mittendrin: die zärtliche Anrede des schuldbeladenen Verbrechers und die erlösende, tröstliche Antwort der Hoffnung, dass der Tod, diese Schmerzen, diese Qual, diese Finsternis nicht das letzte Wort haben, sondern das Licht, das den göttlichen Raum der Liebe, den Garten des ewigen Lebens durchflutet. So wird der Jeshu aus Nazareth zum neuen Joshua, der uns alle über den Fluss des Todes führt – denn noch heute sagen wir ja als Synonym für das Sterben: „über den Jordan gehen" –, *"to the promised land"*, zum Garten Eden, zum Paradies. Welch tröstliche Botschaft!

Vielleicht liegt es daran, dass mit dem Wort „Garten" immer ein wohltuender Klang mitschwingt. Der „Garten" hat in allen Ländern und in allen Kulturen jenen Unterton des Wunders und der Schönheit. Durchaus auch lustig. So lautet ein alter chinesischer Weisheitsspruch:

„Willst du einen Tag glücklich sein: Betrinke dich!
Willst du ein Jahr glücklich sein: Heirate!
Willst du ein Leben lang glücklich sein: Werde Gärtner!"

Nun wird jeder und jede, die Acht-Stunden-Tage in einem Gärtnerbetrieb arbeiten, vielleicht kommentieren: „Na, so lustig ist das aber auch nicht. Frag mal meinen Rücken!"

Aber die Schufterei im Schweiße des Angesichtes ist ja bei der chinesischen Weisheit gar nicht gemeint, sondern das allegorische Bild des Gärtners, der pflanzt, der hegt, der pflegt und mit einer überfließenden Freude die Frucht seiner Mühen sieht, wenn der Garten blüht. Mit anderen Worten: Niemals ist der Mensch glücklicher, als wenn er schöpferisch tätig ist. Ist er doch dann tatsächlich als kleiner Kreator ein Ebenbild des großen Kreators, den wir GOTT nennen.

Haben Sie schon einmal Kinder beim kreativen Spiel beobachtet? Mit nur wenigen Utensilien bauen sie in ihrer Fantasie eine ganze Welt. Und sprechend, mit ihrem Wort, schaffen sie diese Welt vor ihren Augen: „Das ist jetzt …, und das ist …, und dann kommt jetzt der …" Sie sind schöpferisch tätig, sie empfinden, ganz im Spiel versunken, den Glanz und die Freude schöpferischer Tätigkeit. In diesem Augenblick sind sie schon „Gärtner des Lebens". Vielleicht sagt Schiller deshalb: „Niemals ist der Mensch mehr bei sich selbst, als wenn er spielt." *Homo ludens.*

André Heller sagt: „Es ist ein göttliches Wunder in den Gärten. Verliebte gehen am liebsten im Parkgarten spazieren, und alte Leute schauen von den Bänken in den Gärten auf den Sonnenuntergang ihres Lebens."

Ja. Und ich glaube, es ist kein Zufall, wenn es im Osterevangelium heißt: „… zuerst erschien der Auferstandene Maria Magdalena. Sie aber hielt ihn für den Gärtner …"[2]

Es gibt nichts Schöneres unter der Sonne, als den Garten dieser Welt in seiner Schönheit zu durchwandern, auf Reisen, in der Fantasie, im schöpferischen Tun und staunenden Schauen, mit seinen Tälern und Höhen, mit seinen Mühen und seinen Früchten, als Abglanz von und in Vorfreude auf den himmlischen Garten der Liebe, in der Vorahnung auf das Paradies.

Dieses Büchlein kann Ihnen dabei vielleicht ein wenig helfen.

Ihr Gärtner Willibert

Es beginnt in einem Garten: Die Schöpfung

„Dies ist die Entstehungsgeschichte des Himmels und der Erde, als sie erschaffen wurden. Am Tag, da Gott, der Herr, Himmel und Erde schuf, gab es auf der Erde noch keine Feldsträucher und es wuchsen noch keine Feldpflanzen. Denn Gott, der Herr, hatte es noch nicht auf die Erde regnen lassen und der Mensch war noch nicht da, um den Erdboden zu bebauen. Da stieg eine Flut von der Erde auf und tränkte das ganze Land. Dann bildete Gott, der Herr, den Menschen aus Staub von dem Erdboden und blies in seine Nase einen Lebenshauch. So wurde der Mensch ein lebendes Wesen.

Gott, der Herr, pflanzte einen Garten in Eden, im Osten, und setzte den Menschen hinein, den er gebildet hatte.

Und Gott, der Herr, ließ aus der Erde allerlei Bäume wachsen, verlockend anzusehen und gut davon zu essen, den Baum des Lebens mitten im Garten und den Baum der Erkenntnis des Guten und Bösen. Ein Strom ging von Eden aus, um den Garten zu bewässern, und von dort teilte er sich in vier Arme. Der Name des einen ist Pischon: Er umfließt das ganze Land Hawila, wo Gold vorkommt. Das Gold dieses Landes ist vorzüglich; dort gibt es auch Bdelliumharz und den Schoham-Edelstein. Der Name des zweiten Flusses ist Gihon: Er umfließt das ganze Land Kusch. Der Name des dritten Flusses ist Tigris: Er fließt östlich von Assur. Der vierte Fluss ist der Eufrat.

Gott, der Herr, nahm den Menschen und setzte ihn in den Garten Eden, damit er ihn bebaue und bewache."

(Die zweite der beiden Schöpfungserzählungen am Anfang von Genesis, dem ersten Buch der Bibel; Gen 2,4–15)

1. Kalenderwoche: Die Heiligen Drei Könige und der Sturm aufs Kapitol

Was bringt diese Woche?

Natürlich das Fest der Heiligen Drei Könige: die Erscheinung des Herrn und Retters vor der ganzen Welt.

Diese Woche bringt aber noch ein Datum in Erinnerung: Am 6. Januar 2021 stürmten Anhänger von Donald Trump in Washington das Kapitol, der Mobb drang ins Parlament ein. Und noch lange danach ist die amerikanische Gesellschaft gespalten wie bei der Präsidentenwahl zwischen Trump und Biden: War die Erstürmung und Verwüstung des Kapitols nun ein patriotischer Akt gegen eine angeblich gefälschte Wahl? Oder war sie das Gegenteil, ein schlimmer Angriff auf die Demokratie, die amerikanische Verfassung und die grundlegenden Werte der Freiheit?

Die unglaublichen Bilder davon und die Erinnerung wühlen mich immer noch auf. Damals wie heute mache ich mir Gedanken darüber.

Wie ist es möglich, dass eine Gesellschaft so gespalten ist wie die amerikanische? Nicht nur die der USA. Diese Spaltung in unversöhnliche Lager geht ja durch die ganze Welt, auch bei uns, in der Politik, zwischen den gesellschaftlichen Gruppen, aber auch in der Kirche. Was steckt dahinter?

Der Grund von all dem liegt in der Löwen-Gruppe und in der Bären-Gruppe. Ich will das erklären und muss dafür etwas ausholen. Seit Millionen von Jahren ist ein evolutionäres Muster in uns eingewoben. Seit vor Millionen Jahren zum ersten Mal im Tierreich Herden entstanden. Das war ein evolutionärer Quantensprung, weil die Herde – und nicht mehr nur das einzelne Muttertier – den Schutz der Jungtiere übernahm. So wurde die Herde das Wichtigste überhaupt. Auch in uns Menschen steckt das heute noch drin. Es zieht sich durch unsere Geschichte. Die Menschen streben mit einer nie versiegenden Energie nach ihrer Herde: nach ihrem Clan, ihrem Stamm, ihrer Nation und so weiter. Schon im Kindergarten kann man das beobachten. Die neu kommenden Kinder werden aufgeteilt, sagen wir mal: in die „Bären-Gruppe" und in die „Löwen-Gruppe". Und es dauert keine drei Tage, da sagt das Kind aus der „Bären-Gruppe" zu Hause: „Die von der ‚Löwen-Gruppe' sind doof." Das Gefährliche bei der Zugehörigkeit zu einer Herde, einem Clan oder, wie hier im Kindergarten, zu einer Gruppe ist: Die Zugehörigkeit und der Zusammenhalt gelingen am besten, wenn ein Feindbild entsteht. Das schweißt die Herde zusammen.

Die Sehnsucht nach einer Zugehörigkeit zu einer Gruppe kann Gutes bewirken, kann toll sein. Zum Beispiel im Sport. Dort ist es zunächst einmal ungefährlich und unglaublich wohltuend. Die Zugehörigkeit zu einem Verein schweißt Menschen zusammen. Im Kölner Stadion, heute heißt es Rhein-EnergieStadion, ich sage natürlich immer noch viel lieber Müngersdorfer Stadion, findet bei jedem Spiel das „Hochamt" der Zugehörigkeit statt. Fast wichtiger als das Fußballspiel ist das Beiprogramm: Zigtausende singen zusammen, die Fahnen schwingen dazu, jedem fließt das Herz über. Eine großer Club von Fans, eine Gruppe Gleicher, ein kölscher Clan, die 1.-FCK-Herde.

Wenn ich erfahre, ich gehöre zu einem Stamm, zu einer Gruppe, zu einer Herde, stabilisiert mich das, dann weiß ich, wo ich hingehöre, dann lache ich mit den anderen und – beim 1. FCK war das schon häufig so – weine ich auch mit ihnen. Das ist gut. Gefährlich wird es immer dann, wenn diese Gruppenidentität in Feindschaft gegen „die anderen" ausartet. Das ist leider immer so gewesen und ist heute noch extremer, weil die jeweiligen Herdenmitglieder durch die dominante Internetkommunikation in ihrer eigenen Blase bleiben und sich ihre Informationen über die Welt nur aus dem eigenen Sender, der eigenen Gruppe, aus den eigenen oft trüben Quellen holen: aus der eigenen Internetblase. So verfestigt sich die ungesunde Aufspaltung – nicht in natürliche Verschiedenheiten, sondern in Feindschaften.

Vor zweitausend Jahren gab es einen Rabbi, er kam aus Nazareth. Alle, auch die Historiker, die nicht oder anders glauben, sind sich einig, dass dieser Jesus von Nazareth einen Quantensprung im Denken und in der Religionsgeschichte angeschoben hat. Denn eine der wesentlichsten Verkündigungen dieses Jesus war das Aufsprengen des archaischen Herdendenkens. In den Geschichten, die er erzählt, gehören die Helden oft zu den „anderen", nicht zur eigenen Herde, sondern zu den „Feinden". Zum Beispiel war die Volksgruppe der Samariter den Juden noch verhasster als die Römer, die ja

Besatzungsmacht waren. Und wer ist einer der größten Helden in den Erzählungen Jesu? Der barmherzige Samariter.

Jesus hat diese Feindbilder und das Verächtlichmachen anderer immer bekämpft. Am Jakobsbrunnen durchbricht er sogar die hohe Mannesehre und spricht freundschaftlich mit einer Frau! Dazu noch: Samariterin!

Jesus sagt und zeigt durch sein Handeln also: Wir alle sind Brüder und Schwestern.

Klar: Wir dürfen streiten. Das macht ja auch Spaß. Wir sind ja auch verschiedene Menschen mit verschiedenen Erfahrungen und Meinungen. Jesus hat auch gestritten: mit Pharisäern, mit Jüngern, mit seiner Mutter … Aber er hat sie nicht gehasst. Er hat sie nicht vernichten wollen. Nicht tilgen wollen von der Erdoberfläche – was manche Kölner Fans mit den Leverkusenern wohl gerne täten und was manche Trump-Fanatiker beim Sturm auf das Kapitol auch versucht haben: die anderen (mund-)totschlagen.

Wir sind alle Brüder und Schwestern. Vor allem Verschiedenen sind wir erst mal gleich. Und Jesus ist es wohl gelungen, das immer zum Ausdruck zu bringen, sodass viele es verstanden haben. Einige wenige aber blieben so vernagelt, dass sie in ihren Feindbildern noch gehässiger wurden und beschlossen, nun eben diesen Jesus zu beseitigen – einen von ihnen, der aber anders dachte, redete und handelte.

Wenn Verschiedenes in einem Bild zusammenkommt, ist es ein Sym-bol. Das Gegenteil davon ist dia-bolisch, gespalten, teuflisch. Wenn Verschiedenes zusammenfindet, ist es göttlich. Wenn Menschen aus fremden Gegenden, Ländern und Kulturen kommen, um ein neugeborenes Kind zu ehren und zu beschenken: göttlich. Und wir wissen nicht, welcher Religion sie eigentlich angehörten, welche Hautfarben sie hatten, welcher Herkunft sie waren … Sie waren halt „anders" – und wie wir. Und heute sind wir zusammen in Köln. Göttlich.

Denn im Garten des Lebens sind alle Gewächse wunderschön.

2. Kalenderwoche: Annette von Droste-Hülshoff

Was bringt diese Woche?

Eine Dame. Ich trug vier Jahrzehnte lang ein Bild von ihr in meinem Portemonnaie. Zum ersten Mal war ich ihr als junger Schüler am Gymnasium begegnet. Am 12. Januar ist ihr Geburtstag, geboren wurde sie 1797 auf Burg Hülshoff im Münsterland: Annette von Droste-Hülshoff. Sie gehört zu den bedeutendsten deutschsprachigen Dichterinnen und Dichtern des 19. Jahrhunderts.

Als wir im Deutschunterricht eine ihrer Novellen, „Die Judenbuche", lasen, übertrugen Mitschüler mir daraus den Namen einer ihrer Protagonisten als Spitznamen. Dabei blieb es, ich trage diesen Namen bis heute, und es gibt Leute in meiner Heimat und bei meinen Freunden aus Schüler- und Studentenzeit, die kennen mich nicht als Willibert, sondern nur als Aaron. Das finde ich schön, ich freue mich jedes Mal, wenn jemand mich Aaron nennt.

Zu Annette von Droste-Hülshoffs Zeit gefiel nicht jedem ihre emanzipierte Art. Der eine der beiden berühmten Brüder Grimm, Wilhelm, schreibt tatsächlich über sie: „Es ist schade, dass sie etwas Vordringliches und Unangenehmes in ihrem Wesen hat."

Eine junge Frau, gebildet, emanzipiert, die Gedichte und Geschichten schrieb und veröffentlichte: für die Männer und auch für nicht wenige Frauen damals unerhört, wirklich ungehörig. Ihre eigene Mutter verhinderte lange Zeit, dass Annette von Droste-Hülshoff ihre Poesie und ihre Prosa veröffentlichen durfte.

Als ich in Münster studierte, entdeckte ich noch einmal und mehr von dieser Frau aus meiner Schülerzeit im Bergischen Land. Meine erste Studentenbude befand sich auf einem einsamen Bauernhof außerhalb, aber in der Nähe der alten Universitätsstadt. Wenn Willibert-Aaron nun spät abends aus seiner Kneipe in der Stadt auf seinem Fahrrad zurückfuhr auf diesen Hof, dann musste er einen Hohlweg durchfahren. Jedes Mal ging mir dann ein Gedicht von Annette von Droste-Hülshoff durch den Sinn, viele kennen es:

Der Knabe im Moor
O schaurig ist's, übers Moor zu gehn,
Wenn es wimmelt vom Heiderauche,
Sich wie Phantome die Dünste drehn
Und die Ranke häkelt am Strauche,
Unter jedem Tritte ein Quellchen springt,
Wenn aus der Spalte es zischt und singt,
O schaurig ist's, übers Moor zu gehn,
Wenn das Röhricht knistert im Hauche!
(…)

Uaaaa! Das war mir auf Dauer zu unheimlich. Schon im nächsten Semester wechselte ich meine Studentenbude in der Einsamkeit ins genaue Gegenteil; ich wohnte dann mitten im Quartier der Kneipen, Kuhviertel genannt.

Aber was mich neben dem übertragenen Namen Aaron und der Erinnerung an nächtlich-schaurige Fahrradfahrten am meisten mit Annette verbindet, ist unser Glaube und unser Vertrauen in die Osterbotschaft. Sie schrieb:

Am Ostersonntag
(…)
So darf ich glauben und vertrauen
Auf meiner Seele Herrlichkeit!
So darf ich auf zum Himmel schauen
In meines Gottes Ähnlichkeit!
Ich soll mich freun an diesem Tage:
ich freue mich, mein Jesu Christ!
Und wenn im Aug', ich Tränen trage,
Du weißt doch, daß es Freude ist.

Ach Nette – so wurde sie zu ihrer Zeit genannt –, ach Nette, leg doch mal ein gutes Wort beim Heiligen Geist ein, damit auch die Frauen in unserer Kirche endlich zu Wort kommen, zu ihrem Recht, ihre Talente und Gaben angemessen einbringen können!

Denn im Garten des Lebens werden viele sich freuen an diesem Tage, und auch unser Herr Jesus Christus!

3. Kalenderwoche: Heiliger Antonius aus Ägypten

Was bringt diese Woche?

Am 17. Januar das Fest des Heiligen Antonius aus Ägypten, nach der Legende geboren in der Mitte des zweiten, gestorben in der Mitte des dritten Jahrhunderts.

Er wird auch Antonius „der Große", „der Einsiedler", „Vater der Mönche" genannt, ist Schutzpatron der Haustiere, vor allem der Schweine, der Schweinehirten, Bürsten-, Korb- und Handschuhmacher, Ritter, Weber, Metzger, Zuckerbäcker, Bauern, Totengräber; gegen Feuersnot, Wundrose, Geschwüre, Hautkrankheiten, Kopfschmerzen, Lepra, Pest, Syphilis, Feuer und Viehseuchen. Er hat als Eremit in der Wüste gelebt, wurde von quälenden Visionen und dem Teufel heimgesucht, aber er blieb ein standhafter Mann Gottes, sagt die Überlieferung. Und so wirkte er Wunder und trieb Dämonen aus ...

Im Rheinland heißt er auch der „Schweine-Tünnes", original rheinisch: „Ferkes-Tünn". Das ist überhaupt nicht abwertend gemeint, sondern sehr liebevoll. Der heilige Antonius wird in der Ikonographie der Kirche oft mit einem süßen kleinen Schweinchen zu seinen Füßen dargestellt. Die Legende erzählt, dass er, der Einsiedler, einen einzigen Freund hatte: ein Schweinchen. Und er habe von Gott, dem Herrn, nur die Erfüllung eines Wunsches erbeten: dieses Schweinchen dereinst mitzunehmen ins Himmelreich.

Historisch steckt hinter dieser Legende etwas sehr handfest Christliches. Der im 11. Jahrhundert mit des Heiligen Namen gegründete Antoniter-Orden für die Krankenpflege in Zeiten der Seuchen – darunter das sogenannte Antonius-Feuer (medizinisch Ergotismus: eine Vergiftung aus dem Genuss von durch einen Pilz verunreinigtem Getreide) und die Pest – züchtete überall Schweine. Und die durften in den Städten und Dörfern frei weiden, denn ihr Fleisch war für die Ernährung der Armen und Kranken bestimmt.

Aber die Legende vom Schweinchen des Einsiedlers in der Wüste, das er mit in den Himmel nehmen möchte, ist ja irgendwie faszinierender als die historischen Kausalitäten. Natürlich, wenn ich diese Geschichte und andere ähnliche meinen atheistischen Freunden erzähle, rollen die mit den Augen und haben nur ein nachsichtiges Lächeln für mich übrig. Wie kann man nur solchen Flunkereien Beachtung schenken? Willibert, dir ist nicht mehr zu helfen!

Dann antworte ich gerne mit einer Betrachtung von Hans Conrad Zander und hier im Buch verweise ich auch darauf. Es geht darin um eine der schönsten Geschichten von Boccaccio, die übrigens in der Zeit der Pest spielt: Über die lieblichen Hügel der Toskana wanderte Pater Cipolla. Er erzählte in jedem Dorf, er habe eine Wallfahrt nach Jerusalem gemacht, und dann zog er triumphierend eine weiße Feder aus seiner Tasche, hielt sie hoch und raunte den versammelten Dörflern zu: Seht, diese Feder stammt aus dem Flügel des Erzengels Gabriel, er hat sie bei der Verkündigung an Maria verloren.

Nun, jeder Mann und jede Frau wusste, diese Feder stammte nicht aus dem Flügel des Himmelsboten, auch nicht aus Jerusalem oder Nazareth, sondern aus „Lügien und Trügien, aus Erfindien und aus der äußeren Mogelei"[3]. Dennoch flogen, so schreibt es Boccaccio, jenem Pater Cipolla die Herzen der Menschen zu. Warum?

Weil, so sagt Zander, eine historisch nicht korrekte Aussage klar eine Lüge ist. Außer in der Liebe und in der Religion. Dort, so Zander, ist sie nicht immer, aber oft die tiefste Wahrheit.

Jahrhunderte nach Boccaccio hat es Novalis so ausgedrückt: In Märchen und Gedichten stehn die wahren Weltgeschichten. Das heißt, bei Märchen und Mythen und auch in manchen Heiligenlegenden führt uns ein historischer Faktencheck bloß ins Nicht-Verstehen und Achselzucken, die erzählte Wahrheit verfehlen wir so. Es ist vielmehr wie beim Schatz im Acker: So wie der Schatz im Feld verborgen ist, so ist meistens in Märchen und Mythen eine Wahrheit verborgen, die alles Materielle und Diesseitige übersteigt. Und wenn man einmal diese transzendente Wahrheit erfahren oder gefunden hat, verkauft man alles, was man hat, um diesen Schatz zu gewinnen und ihn nie mehr zu verlieren.

So ist das auch mit dem „Ferkes-Tünn".

Im Garten des Lebens sitzt er neben seinem Schweinchen in der Sonne.

Heiliger Antonius, bitte für uns. Und für unsere so begrenzte Auffassungsgabe.

4. Kalenderwoche: Die Bekehrung des heiligen Paulus

Was bringt diese Woche?

Am 25. Januar feiert die Kirche das Fest der Bekehrung des heiligen Paulus.

Dahinter steht eine der faszinierendsten Erzählungen der Weltgeschichte. Vor diesem Ereignis hieß Paulus noch Saulus und war wie alle sehr frommen Juden, eigentlich wie alle sehr religiösen Menschen, der festen Überzeugung, dass man Gott dann am besten diene, wenn man tapfer und ohne Rücksicht auf das eigene Leben die Ungläubigen – also vor allem die Andersgläubigen – bis aufs Blut verfolgt. Und wenn man in diesem Kampf selbst zum Märtyrer wurde, war das auch sehr gut und Gottes großzügigste Belohnung gewiss. Aber vorher sorgte man eifrig dafür, andere um des wahren Glaubens willen in den Tod, am besten in die Hölle zu schicken.

So auch Saulus. Wahrscheinlich stand er triumphierend lächelnd bei der Steinigung des heiligen Stephanus im Hintergrund. Und nun war er wieder einmal auf einer Mission zur Verfolgung der „Ungläubigen", dieser neuen Sekte, dieses sogenannten „Neuen Weges" von Menschen, die sich „Christen" nach einem gekreuzigten Juden nannten, der wegen Gotteslästerung und Illoyalität gegen den römischen Kaiser hingerichtet worden war.

Und dann geschah es, sagt die Erzählung: Auf dem Weg nach Damaskus scheute vor den Toren der Stadt das Pferd des Saulus. Er stürzte und fiel in eine dreitägige Bewusstlosigkeit. Dann erwachte er. Und hatte sich um 180 Grad gewandelt. Er ließ sich taufen und wurde Christ.

Die Wissenschaftler sind sich einig, dass Saulus oder besser: Paulus, wie er sich von nun an nannte, während dieser Bewusstlosigkeit eine Nahtoderfahrung hatte. Die Nahtoderfahrung, die mittlerweile millionenfach belegt ist, verläuft in verschiedenen Stufen. Oft ist die erste Stufe die sogenannte *"Out of body-experience"*, das heißt, man sieht sich erhoben und auf den eigenen Körper herabblickend. Die nächsten Stufen beschreiben eine faszinierende Reise und die letzte Stufe ist das Erkennen eines unglaublichen Lichtes, das man nicht beschreiben kann. Dieses ist voller Liebe, so sagen diejenigen, die aus einer Nahtoderfahrung zurückgekommen sind. Und alle sagen übereinstimmend, dieses Erlebnis sei so unglaublich tief und schön gewesen, dass sie es bedauerten, als ihre Seele in den Körper zurückmusste und sie erwachten zurück in diesem irdischen Leben.

Warum gehen die Wissenschaftler davon aus, dass dieser Saulus-Paulus genau solch ein Erlebnis hatte? Nun, vierzehn Jahre danach schreibt Paulus selbst darüber. Und zwar immer noch so erschrocken über das Erlebte und über sich selber so erstaunt, dass er von sich in der dritten Person schreibt: „Ich kenne einen Menschen in Christus, der vor vierzehn Jahren – ob im Leib, das weiß ich nicht, oder außer dem Leib, das weiß ich nicht, Gott weiß es – bis zum dritten Himmel entrückt wurde. Und ich weiß, dass der betreffende Mensch – ob im Leib, das weiß ich nicht, oder außer dem Leib, das weiß ich nicht, Gott weiß es – ins Paradies entrückt wurde und unsagbare Worte vernahm, die ein Mensch nicht auszusprechen vermag."[4] Also dieser Mensch erlebt Dinge, die er mit keinem Wort richtig beschreiben kann.

Hatte Saulus-Paulus in seiner Bewusstlosigkeit etwas sehr Richtiges erkannt? Ging ihm in dem Licht, das er sah, für sein ganzes weiteres Leben ein Licht auf? Hat er den Unsinn erkannt, an dem Fundamentalisten aller Religionen und Ideologien immer noch festhalten, dass nämlich alle Un-, also Andersgläubigen und -denkenden, auch und sogar vorzüglich mit Gewalt bekehrt werden müssen? Dass es dagegen nur ein Ziel und eine Lebenserfüllung gibt, wenn man Gott nahe gekommen ist: die Liebe. Nichts als die Liebe.

Das jedenfalls hatte der bekehrte Paulus erkannt, und das bezeugt er von nun an auf allen seinen Reisen in der antiken Welt und in allen seinen Briefen an die jungen Christengemeinden in Vorderasien, Griechenland und auf dem italienischen Stiefel. Deshalb schrieb er einen der schönsten Sätze der Weltliteratur:

> *„Und wenn ich einen Glauben hätte, der so stark ist, dass ich meinen eigenen Leib dem Feuer übergäbe, hätte aber die Liebe nicht, so wäre mein Glaube nichts, gar nichts."*[5]

„Dass ich meinen eigenen Leib dem Feuer übergäbe": Das ist ja wie eine unheimliche Vorausschau auf die heutigen fanatischen Selbstmordattentäter. Aber das ist alles andere als das End-Gültige, wie Gott – und mit ihm der bekehrte Paulus – im Licht offenbart:

> *„Am Ende bleiben Glaube, Hoffnung und Liebe, diese drei; doch am größten unter ihnen ist die Liebe."*

Am größten! Von allem! Die Liebe!

Heiliger Paulus, bete für uns, dass wir dies auch erkennen! Bitte mehr und mehr von diesem Licht in unserem Leben!

Denn im Garten des Lebens ist die Liebe der beste Dung für jetzt und alle Ewigkeit.

5. Kalenderwoche: Das Fest der Darstellung des Herrn

Was bringt diese Woche?
Mitten im Karnevalstrubel fast unbemerkt das Fest Mariä Lichtmess am 2. Februar.

Die Älteren erinnern sich: Bis Mariä Lichtmess hat man früher den Weihnachtsbaum stehen lassen. Der stand in der kalten „guten Stube" und hielt sich so einigermaßen, am Ende hat er aber doch genadelt.

Eigentlich heißt das Fest ja „Darstellung des Herrn". Was bedeutet das? Die alte fromme Katholikin, die den Rosenkranz noch betet, mancher Mann ebenso – zum Beispiel derjenige, der diese Zeilen geschrieben hat –, weiß, dass schon Milliarden mal gebetet wurde: „… Jesus, den du, o Jungfrau, im Tempel aufgeopfert hast." Diese „Aufopferung" oder „Darstellung" knüpfte an das archaische Ritual an, den Göttern ein bedeutsames Opfer darzubringen. Besonders kostbar war ein Menschenopfer. Und das Kostbarste war die Opferung des eigenen Kindes, möglichst des Erstgeborenen. An dieses in manchen Völkern und Kulturen in sehr alten Zeiten geübte Ritual knüpfte symbolisch der jüdische Brauch an, das Neugeborene in den Tempel zu bringen. Ein Priester nahm das Kind in seine Hände und hob es hoch, hin zu Gott: Er brachte es symbolisch dar. Und gab es selbstverständlich seinen Eltern zurück. Das Judentum hat in früher Zeit das Töten von Menschen, um die Götter günstig zu stimmen, beendet. Die Erzählung von der verhinderten Opferung Isaaks durch seinen Vater Abraham macht beides deutlich: Jedes Menschenleben kommt von Gott und gehört zu ihm, Gott aber will nicht Menschenopfer, sondern lebendige Töchter und Söhne.

Anstatt Menschen wurden im Judentum Tieropfer dargebracht, und auch Josef und Maria brachten zwei junge Tauben zur Opferung mit in den Tempel, der damals genau auf jenem Berg stand, auf dem Gott die Opferung des Isaak verweigerte, und heute steht da der „Tempel" der Muslime, der Felsendom. Den Tempel der Juden müssen wir uns nicht nur als Haus des Gebetes denken, sondern auch fast wie ein Schlachthaus. Jährlich zum Passahfest wurden Zigtausend Lämmer im Tempel geschlachtet. Das war, wir übersehen das heute leicht, allemal besser als Menschenopfer, aber noch einem archaischen Denken verhaftet. Das Christentum erkannte dann in Jesus „das wahre Opferlamm" – er wurde zur selben Zeit, als im Tempel die Lämmer vor ihrer Schlachtung schrien, gekreuzigt. Jesus ist das endgültige „Opfer", das Lamm Gottes, das ein für alle Mal die Sünden der Welt wegnimmt und Gottes Gunst und Liebe für die Menschen für immer besiegelt.

In der jüdischen Religion gibt es keine Priester mehr. Seit der Zerstörung des Tempels durch das römische Heer im Jahre 70 nach Christus, und damit der Zerstörung des jüdischen Allerheiligsten, braucht es keine Tempeldiener mehr, sondern Gelehrte der Schrift und des Lebens vor Gott, Rabbiner. Vielleicht kann man sagen, dass in der allegorischen, also „auf eine andere Weise" ausgeübten Nachfolge der Tempelpriester die katholischen Priester am Altar stehen und in Brot und Wein das *„Agnus Dei"* erheben. Damit die (Menschen-)Kinder dieser Welt das Leben haben.

Das Schönste am Fest Mariä Lichtmess ist für mich das Evangelium des Tages: Maria und Josef, so wird erzählt, brachten das Kind nach jüdischem Brauch in den Tempel zur „Darstellung" und trafen dort auf einen greisen und frommen Mann, Simeon. Der nahm den kleinen Jesus in seine Arme und betete:

> *„Nun lässt du, Herr, deinen Knecht,*
> *wie du gesagt hast, in Frieden scheiden.*
> *Denn meine Augen haben das Heil gesehen,*
> *das du vor allen Völkern bereitet hast,*
> *ein Licht, das die Heiden erleuchtet,*
> *und Herrlichkeit für dein Volk Israel."* [6]

Am Fest Mariä Lichtmess 1945 betete ein junger Priester genau dieses Evangelium in der letzten Messe seines Lebens. Alfred Delp wurde an diesem Tag in Plötzensee auf dem Schafott hingerichtet. Er schrieb aus seiner Zelle: „Nun sind alle Türen meines Lebens zugeschlagen, und ich sitze in einer kleinen Zelle am Ende meines Lebens. Und gleichzeitig schenkte mir

Gott mit dieser kleinen Zelle den größten Raum der inneren Freiheit. Denn der Galgen ist für mich die Tür zum Licht des lebendigen Gottes." In der Messe, alleine auf seiner Zelle, hatte er an seinem Todestag wie Simeon gesprochen: „Nun lässt du, Herr, deinen Knecht, wie du gesagt hast, in Frieden scheiden …„ Und auch er glaubte an das Licht, das die Dunkelheit erleuchtet. Alfred Delp gibt dieses Licht weiter an andere Menschen in tiefstem Leid, in größter Verfolgung und Not.

Egal, wie die Welt aussieht, wie groß die Not für nicht wenige auch ist:

Im Garten des Lebens ist die Liebe Gottes zu den Menschenkindern in jeder Nacht ein Licht in der Finsternis.

6. Kalenderwoche: Glocken – im Karneval und immer

Was bringt diese Woche?

In dieser fünften Jahreszeit für mich natürlich Karnevalsveranstaltungen, auch wenn ich seit einigen Jahren nur noch ausgesuchte Sitzungen besuche und wenige Auftritte absolviere. Spaß macht es. Und ich hoffe, Sie haben auch Spaß.

Der Rheinländer ist ja bekloppt. In einer meiner Reden habe ich einen Gag, der geht ungefähr so:

In der heutigen Zeit darf man fast nichts mehr sagen. Ist so, ja sicher. Alles muss *political correct* sein. Jeder zweite Witz gilt doch schon als sexistisch. Mittlerweile gilt es schon als sexistisch, wenn man sagt: In Köln hat der dicke Pitter seinen Klöppel verloren.

Ich beziehe mich damit natürlich auf die dickste Glocke im Kölner Domgeläut, die Petersglocke, die ausgerechnet am 6. Januar 2011, am Hochfest der Heiligen Drei Könige, in Köln natürlich ein noch höheres als hohes Fest, ihren Klöppel verloren hat. Er fiel mit Getöse herunter und zerbrach.

Mich hat es zunächst gewundert, wie sehr diese doch nur technische Panne, bei der kein Mensch zu Schaden kam, die Menschen in der Stadt berührt hat. So erreichte zum Beispiel das Domradio ein langes Gedicht eines Hörers über die Glocke und ihr trauriges Verstummen, in den Zeitungen standen viele Kommentare und Leserbriefe, die Leute sprachen in der ganzen Stadt und darüber hinaus davon.

Aber beim zweiten Nachdenken hat es mich nicht mehr gewundert. Denn das Läuten der Glocken ist ja quasi die Urmelodie des Abendlandes.

Wie viele Lieder es allein gibt über Glocken und ihren Klang! In Köln zum Beispiel ein bekanntes Karnevalslied:

*„Am Dom zo Kölle – zo Kölle am Rhing
Do klinge de Jlocke su prächtich un fing.
Se dunn uns sare – wat all mer jehatt,
Et jov doch op Ääde kein schönere Stadt."*

Und natürlich das „Lied von der Glocke" von Friedrich Schiller. Millionen Schüler mussten es auswendig lernen und haben damit auch viel über die Bedeutung der Glocken im Leben der Menschen erfahren.

*„Fest gemauert in der Erden
Steht die Form aus Lehm gebrannt.
Heute muß die Glocke werden!
Frisch, Gesellen, seid zur Hand!
Von der Stirne heiß
Rinnen muß der Schweiß,
Soll das Werk den Meister loben;
Doch der Segen kommt von oben."
(…)*

Noch ein Beispiel zur Bedeutung von Glocken: Meine Freundin und Domradio-Hörerin Jutta lebte in Los Angeles in Kalifornien. Sie sagt, dass es zwei Dinge gab, die ihr inneres Feuer von Heimweh nicht erlöschen ließen: das vollkommene Fehlen einer Kneipenkultur in Kalifornien und das fehlende Geläut von Glocken. Das gibt es in Amerika tatsächlich nicht.

Wie gut ist es da, dass die allermeisten Gerichtsurteile wegen beklagter Lärmbelästigung das Glockenläuten ab sechs oder sieben Uhr morgens schützen, auch in den säkularisierten östlichen Bundesländern. Die Gerichte sagen, das Läuten sei „sozialadäquat" zumutbar und durch die vom Grundgesetz garantierte freie Religionsausübung geschützt. Die Gerichte formulieren es ähnlich wie ich: Das Geläut der Kirchenglocken ist der *„Basso continuo"* der abendländischen Kultur, es steht Einzelnen nicht zu, diesen historischen, kulturellen, religiösen Klang verstummen zu lassen.

Hat es denn einen Sinn? Lassen wir den Dichterfürsten Johann Wolfgang von Goethe das beantworten. In dem größten Drama der deutschen Literatur beschließt der Doktor Faust, seinem Leben ein

Ende zu setzen – da reißen ihn die Glocken des Ostermorgens aus seiner tiefen Depression:

> *„Welch tiefes Summen, welch ein heller Ton,*
> *Zieht mit Gewalt das Glas von meinem Munde?*
> *Verkündiget ihr dumpfen Glocken schon*
> *Des Osterfestes erste Feyerstunde?*
> *Ihr Chöre singt ihr schon den tröstlichen Gesang?*
> *Der einst, um Grabes Nacht, von Engelslippen klang,*
> *Gewißheit einem neuen Bunde."* [7]

Das ist der tiefe Sinn des abendländischen Glockengeläuts: Uns an jedem Morgen, an jedem Mittag, an jedem Abend und zu den Gottesdienstzeiten daran zu erinnern, dass die Melodie unseres Lebens – bei aller Beschwernis und Traurigkeit – eine wohlklingende ist, dass die Stunden und die Lebenszeit der Menschen nicht sinnlos verstreichen, dass es einen hellen Ton gibt und eine tiefe Feierlichkeit, die unseren Alltag und die Sonntage begleiten, dass es für alle, auch die in stummer Verzweiflung, einen Ostermorgen gibt.

Wenn der Klöppel vom dicken Pitter scheppernd verloren geht, scheppert es auch weh im Herzen der Kölner.

Aber der Klöppel wurde ja repariert. Und der dicke Pitter klingt wieder ermunternd wie der rheinische Humor:

Bei einem Wettbewerb mit 30 internationalen Teilnehmern beginnt der Seminarleiter mit folgender Ansprache: Meine Damen und Herren, es ist ganz einfach. Unser erster Test geht so: Ich nenne irgendeine Zeile und derjenige, der spontan als Erstes die richtige Antwort geben kann, wer der Urheber dieser Zeile ist, erhält einen Punkt. Die erste Zeile: „Vom Eise befreit sind Strom und Bäche."

Ein Japaner meldet sich sofort und sagt blitzschnell: „Johann Wolfgang von Goethe, Faust, Osterspaziergang, 1806."

Anerkennendes Murren in der Runde.

Der Seminarleiter: Zweites Zitat: „Der Mond ist aufgegangen, die goldnen Sternlein prangen."

Derselbe Japaner sofort: „Matthias Claudius, Abendlied, 1782."

Schon nicht mehr ganz so bewunderndes Murren, eher missmutig.

Seminarleiter: Drittes Zitat: „Fest gemauert in der Erden."

Blitzschnell der Japaner: „Friedrich Schiller, Das Lied von der Glocke, 1799."

Empörtes Murmeln. Einer ruft laut: „Scheiß Japaner!"

Der Japaner: „Max Grundig, Berliner Funkausstellung, 1985."

Denn im Garten des Lebens läuten die Glocken des Humors schon fröhlich vor dem Sonnenaufgang.

7. Kalenderwoche: Über die Feindesliebe

Was bringt diese Woche?

„Ich aber sage euch: Liebet eure Feinde!" Der Satz aus der Bergpredigt.

Das ist vielleicht der schwierigste Satz Jesu. Wie soll das denn gehen? Soll die ukrainische Frau den russischen Soldaten lieben, der ihre Kinder bedroht, ihren Mann erschossen hat, ihr Gott weiß was antut?

Wie soll das denn gehen, denkt da doch jeder. Wie soll ich jemanden lieben, der mir und meinen Nächsten wirklich Böses antut?! In und nach den langen Februartagen im Jahr 2022, in denen der Krieg Putins gegen die Ukraine und deren Menschen begann, geht mir diese Fragen immer wieder durch den Kopf.

Und doch ist dieser Satz, Liebet eure Feinde!, glaube ich, ein Quantensprung in der Religionsgeschichte. Und er ist richtig. Ich versuche das an dem Musiker Phil Collins und dem Philosophen Richard David Precht zu erklären.

Als Phil Collins 70 Jahre alt wurde, schrieb ein Kolumnist der Bild-Zeitung über ihn etwas durchaus Sinnvolles: „Phil Collins wird nie wieder Schlagzeug spielen. Die Hände sind nach einer Halswirbel-OP taub geblieben. ‚Ich kann die Drumsticks nicht mehr halten', sagte er. Als ich das hörte, war ich sofort wieder 19 Jahre alt, legte *In the Air Tonight* auf und wartete zappelnd auf den Schlagzeug-Einsatz vor der dritten Strophe, auf das wütendste Fill, das jemals ein Drummer in seine Drums geprügelt hat. Ich kann mir beim besten Willen nicht vorstellen, dass irgendeiner, der heute über 50 ist, dazu kein Luftschlagzeug gespielt hat."[8] Stimmt, so geht es den heute Alten. Während der Corona-Zeit, in den Lockdowns, war das gerne mal eine innere wilde Befreiung mit äußeren Schlaggesten: In the Air Tonight … Bumm, bumm, bumm, bumm, bumm, bumm, bumm. Stark!

Aber dieses Lied von Phil ist ein hoch persönlicher, düsterer Rache-Song. Gerichtet an den Lover seiner Ex-Frau. Er singt darin unter anderem: „Nun, wenn du mir sagen würdest, du ertrinkst, würde ich dir keine Hand reichen."

Da ist sie: die berechtigte Wut. Wut auf einen, der mir Böses getan hat, mich verletzt hat, eine Wunde, die ein Leben lang nicht wirklich verheilt. Verständlich die Wut! Kommt vor. Aber Jesus sagt: „Die berechtigte Wut auf deinen Feind darf nicht dazu führen, dass du ihn hasst. Dass du ihn in deinem Hass vernichtest. Dass du ihm dasselbe oder Schlimmeres antust, als er dir angetan hat. Und wenn dein Feind ertrinkt, dann verweigere ihm nicht die rettende Hand!"

Deine Wut ist okay. Aber achte auch die unantastbare Würde eines jeden Menschen, selbst wenn er dein Feind ist!

So sagt es der Philosoph Richard David Precht: „Der Satz ‚Liebe auch deine Feinde' leidet an einem Übersetzungsfehler. Denn wenn wir in unserem Sprachgebrauch das Wort Liebe hören, denken wir an die romantische Liebe. Die ist aber nicht gemeint, nicht die Liebe im gefühlsmäßigen Sinne, sondern gemeint ist die Liebe in dem Sinn, dass wir die unantastbare Würde eines jeden Menschen achten. Wenn wir diesen Satz moderner übertragen wollen, müsste man eigentlich sagen: Achte deinen Nächsten, obgleich du ihn nicht liebst."

Genauso ist es gemeint und genauso ist es wahr und richtig.

Ich kann der ukrainischen Frau ihre Wut auf den russischen Soldaten, der ihr Böses antut, nicht ausreden. Und schon gar nicht sagen: Liebe ihn. Und sie braucht auch nicht meine Ratschläge, sondern meinen Trost, meine Hilfe, meine Solidarität.

Aber dann kommt für unser eigenes Verhalten in schwierigen Situationen doch die Überlegung: Wie soll die Menschheit je aus der zerstörenden Wut, aus dem Rachefeldzug von „Auge um Auge, Zahn um Zahn", aus dem die Seelen der Menschen aufzehrenden Hass herauskommen, wenn nicht durch die einseitige Unterbrechung: Auch du, der Feind, auch du, der Böses tut, hast eine Seele, und du hast Menschenwürde. Und deshalb verzichte ich darauf, mich zu rächen, dir Böses zu tun und dich zu vernichten.

Ich möchte, voll von den Bildern und Nachrichten aus dem Krieg in der Ukraine, noch etwas ergänzen. Denn ich glaube, erst wenn wir selbst Zuwendung und Geborgenheit erleben, die wir als sicheren Grund unseres Lebens erfahren, können wir wirklich die Kraft aufbringen, nicht nur den

Nächsten, sondern auch den Feind, den, der mir und meinen Lieben Böses antut, noch als Mensch achten, vielleicht sogar verzeihen.

Es ist unter den vielen entsetzlichen Bildern aus dem Ukraine-Krieg vor allem eines, das mir nicht aus dem Sinn geht. Das Foto ging um die Welt:

Eine Hand, offensichtlich von einer Frau. Mit auffälligem Nagelschmuck, todesstarr, verdreckt, ist sie vom Körper der Leiche weggestreckt. Der Name der durch eine russische Gewehrkugel ermordeten Frau ist bekannt. Irina heißt sie mit Vornamen. Ihre Tochter schrieb nun auf Instagram: „Mama, du hast mir immer geholfen. Du hast mir die Tränen weggewischt. Mama, ich weine, niemand wischt mir die Tränen ab."

Die schönsten Sätze sind über die Hände des Menschen geschrieben worden: „Ich habe dich in meine Hand geschrieben", heißt es in der Bibel. Goethe fasste seine wohl schönste Liebeserklärung in betörender Schlichtheit in Worte: „Ach, daß ich das errungen habe. Deine Hand in meiner, fest und warm." Auf der ganzen Welt singt Abend für Abend die Kirche in ihrem Stundengebet bei der Komplet: *„In manus tuas domine, commendo spiritum meum..."* Dieser letzte Satz von Christus am Kreuz enthält die Zusammenfassung unseres gesamten Glaubens: Die unsterbliche Hoffnung, dass der Tod nicht das letzte Wort hat.

Es ist der auferstandene Christus, der dir, liebe Tochter von Irina, die Tränen abwischen wird. Es ist das Licht von Ostern, das die Dunkelheit von Schmerz, Leid und Tod vertreiben wird. Es ist die österliche Hoffnung, die mich davor bewahrt zu verzweifeln oder zu hassen. Kein Diktator, kein Aggressor dieser Welt kann uns diese Hoffnung zerstören. Das verspreche ich dir in deine Hand, liebes Kind, das um seine Mama weint.

Denn im Garten des Lebens sitzen wir eines Tages in Frieden und halten ein jeder mit Phil Collins das Gesicht in die Sonne: *"Well I've been waiting for this moment for all my life, oh lord!"*

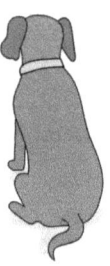

8. Kalenderwoche: Sterbehilfe

Was bringt diese Woche?

Ein schweres Thema. Aber auch darüber kann man sich verständigen.

In der achten Woche des Jahres 2020, am 26. Februar, hat das Bundesverfassungsgericht eine mit Mehrheit vom deutschen Bundestag verabschiedete Regelung zur Sterbehilfe, vor allem zum Verbot von der Verfügbarkeit tödlicher Mittel und geschäftsmäßiger Hilfe beim Sterben, verworfen. Der Bundestag muss eine neue Lösung finden.

Dabei muss er einerseits das Recht jedes Einzelnen, über sich selbst zu bestimmen, berücksichtigen: Der Staat darf sich da nicht zu viel herausnehmen an Fremdbestimmung über seine Bürgerinnen und Bürger. Und er darf auch nicht in guter Absicht verhindern, dass Menschen, die nicht mehr leben möchten, weil sie es objektiv oder subjektiv nicht mehr können, dass diese Menschen – gegen Bezahlung – sich dabei helfen lassen, indem sie von Ärzten oder Vereinigungen ein Medikament erhalten, um schmerzfrei in den Tod zu gehen.

Andererseits bleibt es dem Staat schon wegen der im Grundgesetz verankerten Menschenwürde aufgetragen, seine Bürgerinnen und Bürger vor vorschnellen oder übergriffig verursachten Entscheidungen zu schützen. Beim Sterben kann man die ja nicht rückgängig machen. Vorschnelle Entscheidungen sind klar: Der erste Liebeskummer eines Sechzehnjährigen darf, so schwer sein Leid auch subjektiv wiegt, nicht zu seinem Suizid führen. Jemand muss mal mit ihm reden und auf eine Tür zeigen, durch die zu gehen das Leben wieder lebenswert macht. „Übergriffig" herbeigeführte Entscheidungen sind für mich solche, bei denen sich die nicht mehr seltene Meinung weiterverbreitet, ein alter und kranker Mensch sei nichts mehr wert, koste die Krankenkassen und die Gesellschaft zu viel, sei nur noch Last. Und so unter Druck gesetzt zieht die alte Nachbarin die tödliche Konsequenz, obwohl ihr mit ein wenig Zuneigung und Gemeinschaft noch eine lebenswerte Zeit geblieben wäre.

Haben Sie mal im Fernsehen, im Ersten, oder auf einer Theaterbühne das großartige Kammerspiel von Ferdinand von Schirach namens „Gott" gesehen? Darin geht's um die Frage: „Unter welchen Umständen darf man einem Menschen helfen, sich das Leben zu nehmen? Muss der Staat selbstbestimmtes Sterben ermöglichen? Soll Herr Gärtner (im Stück der Kläger auf sein Recht zu sterben) das tödliche Medikament bekommen?" Ganz Deutschland hat darüber diskutiert. 70 Prozent der Fernsehzuschauer haben gesagt: Ja, das Recht auf ein sanftes, aber tödliches Präparat muss es geben. Ich war dagegen.

Heißt das: Ich bin dagegen, jemandem, der unheilbar unter höllischen Schmerzen leidet, dabei zu helfen, dass er nach eigenem Entschluss gehen darf? Nein. Auch ich würde einem Freund, dessen Tod abzusehen ist, der davor furchtbar leiden muss und der mich darum bittet, den Schierlingsbecher mit dem tödlichen Gift reichen. Aber diese Sterbehilfe, die mich doch nur in Ausnahmefällen zum tödlichen Akteur macht, was mich vor ein schweres Abwiegen stellt, gesetzlich in ein allgemeingültiges, positives Recht zu gießen, ist äußerst problematisch.

Nach der Ausstrahlung des Fernsehfilms sagte Georg Bätzing, der Vorsitzende der Deutschen Bischofskonferenz, in der Diskussion: „Eine Grauzone ist nicht immer schlecht." Das macht mich nachdenklich: Ein Gesetz zieht eine klare Grenze zwischen erlaubt und verboten. Die einzelnen Menschenschicksale bewegen sich aber da drum herum. Was hier richtig und gut sein kann, kann da ganz schnell falsch und schlecht sein. Das spricht nicht für die hundertprozentig Überzeugten weder diesseits noch jenseits der festzulegenden Grenze. Der im Todeskampf liegende Franz Kafka soll seinem Hausarzt gesagt haben: „Töten Sie mich. Oder Sie sind ein Mörder."

Einen Kritikpunkt an dem Stück von Schirach möchte ich noch loswerden: Der Bischof darin wird nicht als klerikales Zerrbild, kalt und machtversessen dargestellt, das ist gut. Aber er präsentiert in seinen Aussagen eine überholte, vormoderne Theologie. Das geschieht oft in den Medien und auf den Bühnen. Bei diesem Bischof kulminiert es in der (Schirach-)Behauptung: „Als Christ muss ich sagen: Leben bedeutet Leiden und der Sinn des Lebens ist nach christlicher Auffassung das Leiden, das heißt, wir leben, um zu leiden." Was für ein Unsinn!

Wir leben nicht, um zu leiden, sondern wir leben, um zu lieben. Das ist die Lehre des Christentums. Bedauerlicherweise wurde das kirchlich und allgemein nicht immer so gesagt. Am schlimmsten ist der Spruch, der Leidenden um die Ohren gehauen wurde: „Stille! Stille! Es ist Gottes Wille." Nein! Es ist Gottes Wille, dass du liebst und geliebt wirst!

Der große Theologe des 20. Jahrhunderts, Romano Guardini, hat gesagt: „Letztlich sind wir alle nur aus einem einzigen Grund auf Erden: dass der eine dem anderen so viel Freude bereitet wie möglich."

Denn im Garten des Lebens sind die Freude und die Liebe der beste Dung. Und das sagt: der bergische Jung.

9. Kalenderwoche: Der Hauptmann von Köpenick

Was bringt diese Woche?

In meiner Reihe berühmter Persönlichkeiten eine Figur, die zwei Mal das Licht der Welt erblickte. Einmal das echte Sonnenlicht am 13. Februar 1849 in Tilsit. Später lebte er nach Jahren der Wanderschaft und im Gefängnis in Berlin. Zum zweiten Mal das Licht der Theaterbühne, nämlich am 5. März 1931 mit der Uraufführung eines bis heute gespielten Stücks: „Der Hauptmann von Köpenick". Wilhelm Voigt hieß er im wahren Leben und auch in der Bühnenversion von Carl Zuckmayer.

Letzterer ist einer meiner absoluten Lieblingsschriftsteller. Er lebte von 1896 bis 1977, und der „Hauptmann von Köpenick" war sein größter Erfolg. Vielleicht hatte Zuckmayer einen wenigstens kleinen Spleen, denn er nannte seine Tochter wegen seiner Verehrung für einen anderen Schriftsteller, nämlich Karl May, tatsächlich Winnetou. Die Tochter! Was soll ich dazu sagen? Er hätte sie doch Nscho-tschi nennen können. Nein, Winnetou. Allerdings gab er ihr noch einen katholischen Namen dazu, sein Töchterlein hieß Winnetou Maria.

Die meisten von Ihnen werden das berühmte Zuckmayer-Stück aus der alten Verfilmung mit Heinz Rühmann als Wilhelm Voigt und unter der Regie von Helmut Käutner kennen; kommt ja immer mal wieder im Fernsehen. Aus dem Theaterstück ist mir eine Szene präsent, die ich hier nach der populären Verfilmung nacherzähle:

Wilhelm Voigt hat mit seinem Schwager Friedrich ein Streitgespräch über den Staat, in dem sie leben, das militaristische Preußen. Friedrich findet Preußen gut, Wilhelm allerdings überhaupt nicht. Warum? Nun, weil er die dunklen Seiten dieses autoritären Staates am eigenen Leibe immer wieder erfährt. Als Kleinkrimineller landete er mehrmals im Gefängnis Plötzensee (auf Berlinerisch: de Plötze) unter Ganoven. Weil er also vorbestraft war, bekam er keinen Pass. Und weil er keinen Pass hatte, bekam er keine Wohnung. Und weil er keine Wohnung hatte, bekam er keine Arbeit.

Ein furchtbarer Teufelskreis. Und als Friedrich wieder einmal das Preußentum lobt – sie kommen gerade von der Beerdigung der an Schwindsucht verstorbenen jungen Untermieterin –, wo alles seinen rechten Gang ginge, „das müsse seine innere Stimme ihm schon längst erklärt haben", da platzt es aus Wilhelm heraus:

„Vorhin, uff'm Friedhof, da hab' ick se jehört, die innere Stimme. Da hat se jesprochen, da hat se zu mir jesagt: Mensch, hat se jesagt, einmal kneift jeder 'n Arsch zu – du auch, hat se jesagt, und dann stehste vor Jott dem Vater, der alles jeweckt hat, vor dem stehste denn, un der fragt dir ins Jesichte: Schuster Willem Voigt, wat haste jemacht mit dein' Leben, un dann muß ick sagen: Fußmatte ... Fußmatte, muß ick sagen, die hab ick jeflochen in Gefängnis, un da sind se alle drauf rumjetrampelt. Und Gott der Vater sagt zu mir: Jeh weg, sagt er, Ausweisung, sagt er, detwegen hab ick dir det Leben nich jeschenkt, det biste m'r schuldig, sagt er, wo isset? Wat haste 'mit jemacht? ... Un denn, Friedrich, denn isset wieder nischt mit de Aufenthaltserlaubnis ...

Friedrich: Du pochst an die Weltordnung, Willem. Det is Versündigung.

Wilhelm: Is mir ejal, Friedrich. Nee nee. So knickrig will ich mal nicht vor meinem Schöpfer stehen. Ick wer' noch wat machen ...mit mein' Leben ... Is jut, Friedrich. Bis'n braver Kerl. Dank d'r für alles. Ick jeh."

Und dann beginnt Wilhelm Voigt in der Uniform eines Hauptmanns diese wunderbare Köpenickiade, die wir alle kennen, und besorgt sich im Rathaus von Köpenick einen Pass – den er erhält, weil er eine Uniform hat. Voigt und mehr noch Zuckmayer stellen den preußischen Staat, seinen Schein und sein Sein, seine Unmenschlichkeit und auch Dummheit im System, bloß.

Was nur wenige wissen, ist, dass Carl Zuckmayer zwar kirchenkritisch, aber tief fromm war. So schrieb er 1968 (!, im Jahr der Studentenrevolte): „Wenn ich einem meiner literarischen Kollegen gestehen würde, dass für mich die Eucharistie ein echter Trost ist – ich habe am letzten Sonntag daran teilgenommen und werde es an diesem wieder tun –, so würden die mich für hirnverbrannt halten."

Ich halte Zuckmayer natürlich nicht für hirnverbrannt, vielleicht hatte er einen kleinen Karl-May-Spleen, aber hirnverbrannt? Wegen der Messe? Ich würde eher sagen, er hatte eine hohe Empfindlichkeit für die Nöte von Menschen, für seelische und soziale Abgründe, für all das, womit die Gründe und die Auswirkungen der Ungerechtigkeiten möglichst effektvoll und dicht zugedeckt werden.

Auch für mich ist die heilige Messe Sonntag für Sonntag ein tiefer Trost. Dazu allerdings eine kleine Anmerkung: Liebe Kirche, wenn die heilige Messe, die Feier der Eucharistie so unverzichtbar ist, sie aber immer wieder durch Mangel an Priestern ausfällt, wäre es vielleicht eine Idee, die Leitung der Feier der Eucharistie, nicht nur auf zölibatäre Männer zu beschränken. Das wäre lebensklug. So lebensklug und fromm und menschenzugewandt, wie es Carl Zuckmayer war.

Denn im Garten des Lebens sind er und viele, viele andere Persönlichkeiten, die wir, um gut zu sehen, immer wieder brauchen.

10. Kalenderwoche: Weltfrauentag

Was bringt diese Woche?

Am 8. März den Weltfrauentag.

Was soll ich als alter weißer Mann dazu Sinnvolles sagen? Ich lasse mir helfen, und zwar von einem anderen alten weißen Mann, dem Theologen, Priester, Philosophen und Psychotherapeuten Tomáš Halík, einer der bedeutendsten Theologen der Gegenwart. Aufgewachsen in der sozialistischen Tschechoslowakei, im Untergrund Theologie studiert, als Priester in verschiedenen sozialen Berufen gearbeitet, immer noch „im Untergrund" ist er heute Professor für Soziologie an der Philosophischen Fakultät der Karlsuniversität Prag.

In seinem Buch *Die Zeit der leeren Kirchen*[9] – ein hinreißendes Buch – meditiert er unter anderem jene berühmte Erzählung aus dem Johannesevangelium: Jesus trifft am Jakobsbrunnen in Samarien eine Frau und führt zum Skandal seiner Umgebung ein langes theologisches Gespräch mit ihr.

Skandal, weil Jesus damit gleich drei Tabus bricht: Erstens, fromme Juden sprechen nicht mit unreinen Samaritern. Zweitens, diese Frau war bereits fünf Mal geschieden, also – damals für rechtgläubige Juden wie heute für klar an Geboten orientierte Katholiken eindeutig – unmoralisch. Und drittens, fundamental: eine Frau! Fromme Juden unterhalten sich einfach nicht mit fremden Frauen! Auch heute noch ist es orthodoxen Juden nicht erlaubt, fremden Frauen die Hand zu reichen. Donnerschlag, was macht der da?!

Jesus erregte bei seinen Zeitgenossen heftigen Anstoß, weil er Frauen unter seinen nächsten Begleitern großen Raum ließ, sie gehörten für ihn selbstverständlich dazu: Wir wissen von Maria Magdalena und von der Frau, der „Ehebrecherin", die er vor der Steinigung rettet, wir wissen von den Schwestern Marta und Maria und deren kleinem Zwist – Jesus zuhören und mit ihm diskutieren oder in die Küche gehen und für die Männer kochen? –, den er völlig frei von traditionell oder religiös fixierten Geschlechterrollen auflöst, … und eben von der Frau am Jakobsbrunnen.

Wer Jünger Jesu ist, sollte ein klarer Verteidiger der gleichen Würde von Frauen und Männern in der Gesellschaft und in der Kirche sein. Er sollte die Worte des Paulus erfüllen, für die damalige Zeit revolutionär und für viele Menschen in der Kirche bis heute unverdaulich. „Es ist jetzt doch nicht mehr wichtig", schreibt Paulus, „ob man ein Mann oder eine Frau ist, weil wir alle in Christus neu geschaffen sind."

Tomáš Halík bringt das alles in Erinnerung. Und dann denkt er weiter:

Die Kirche war im 19. Jahrhundert, in der Zeit der Durchsetzung des Kapitalismus und der Industrialisierung, mit der Entstehung des Proletariats, der neuen Arbeiterklasse, aus Angst vor dem Marxismus nicht fähig, die Zeichen der Zeit zu erkennen. Sie hat deshalb Millionen Arbeiter verloren, sie hat das auch nicht mehr mit der Entwicklung ihrer durchaus arbeiterfreundlichen und gewichtigen Soziallehre wettmachen können.

Im 20. Jahrhundert verharrte die Kirche im Erschrecken vor der Moderne, vor dem Darwinismus und vielen Erkenntnissen der Wissenschaften, und so verlor sie einen Großteil der gebildeten Schichten (googeln Sie mal den „Syllabus"!). Sie holte ihr eigenes Versäumnis, rationale Erkenntnis mitzudenken und zu begleiten, nicht mehr auf, auch nicht durch das Zweite Vatikanische Konzil: zu spät.

Und wenn die Kirche heute auf die Gendertheorien blickt wie das Kaninchen auf die Schlange und wenn sie nicht ausreichend auf das neue Selbstverständnis der Frauen fast weltweit und deren durchaus berechtigten Anliegen antwortet, verliert diese Kirche eine weitere ihrer Säulen, die sie in den Gesellschaften tragen. Eine der letzten: die Frauen.

Das sagt Tomáš Halík, und ich stimme ihm – außer vielleicht beim Gendern – völlig zu.

Kehren wir also um: zur Praxis Jesu.

Denn im Garten des Lebens tragen alle Menschen dieselbe Ähnlichkeit mit ihrem Schöpfer unverkennbar in ihren Gesichtern.

11. Kalenderwoche: Vor-Freude

Was bringt diese Woche?
Freude.

„Laetare Jerusalem! Freue dich, Stadt Jerusalem, kommt alle zusammen, die ihr sie liebt." In beiden großen Kirchen, der römisch-katholischen und der evangelisch-lutherischen, ist mitten in der Fasten- und Bußzeit der kommende Sonntag der Tag, an dem die Sonne von Ostern schon am Horizont aufleuchtet. Die Fastenzeit wird unterbrochen und in den Gemeinden, die das Geld dafür haben, trägt der Priester kein dunkles, violettes Gewand, sondern das Dunkle mischt sich mit Sonne, mit dem österlichen Weiß: Das Gewand ist rosa, die Farbe von Aurora, der Morgenröte. *Laetare!* Freut euch!

In dem Zusammenhang eine schöne Anekdote. Letzte Woche traf ich den Hannes Blom von der Kölner Karnevalsmusikgruppe „De Blömcher", und er sagte, quasi richtig schuldbewusst, zu mir: „Am nächsten Sonntag haben wir einen Auftritt in Eupen in Ostbelgien. Und weißt du, was da ist? Ne Karnevalssitzung, ne richtige Karnevalssitzung. Mitten in der Fastenzeit!" Da sage ich ihm: „Ja, Hannes, dat is jut katholisch." Sagt er: „Wat?!" „Ja, sicher", sage ich, „seit ältesten Zeiten wird am Sonntag Laetare ja mitten in der Fastenzeit das Fasten unterbrochen, und seit ältesten Zeiten darf an diesem Sonntag Karneval gefeiert werden. Doch, das ist wirklich wahr."

Vom elften bis ins neunzehnte Jahrhundert erschien an diesem Sonntag der Papst in Rom auf dem Balkon der Loggia der Papstkirche St. Johannes im Lateran, er hielt dem Volk eine goldene Rose entgegen und sprach: *Laetare Jerusalem.* Freue dich Jerusalem. Und das Volk tobte fröhlich und tanzte. Diese goldene Rose vergab der Papst übrigens jedes Jahr an diesem Sonntag einer verdienten Persönlichkeit der Kirche. Sie war quasi die Urform der goldenen Rose von Montreux.

Von diesem Rosenritus her hieß dieser Sonntag dann auch Rosensonntag. Es gibt ernst zu nehmende Untersuchungen, die besagen, dass von diesem Freuden- und auch Narreteitag – der aber doch immer ein religiöses Fest war im Blick auf Ostern – die Übertragung auf unseren „Rosenmontag" gekommen ist. Der heilige Sonntag ist der Tag des Herrn und ein kirchlicher Tag, der Montag aber gehört dem säkularen Treiben, dem Übermut, der losgelassenen Freude der Narren.

Aber abgesehen davon glaube ich, dass die Idee eines Tages der Freude und der Helligkeit im Horizont eines noch fernen Ostern sehr aktuell ist. Wem muss ich noch sagen, dass unsere geliebte *Mater Ecclesiae,* Mutter Kirche, nun wirklich in einer Zeit der dunklen Krise steckt. Ihr Ostern ist noch fern. Aber ich hoffe, dieser Satz ist wahr: Die Krise ist die Mutter aller Reformen. Und die stehen dringend an.

Hier der Appell eines kleinen, unbedeutenden Diakons im Erzbistum Köln: Ich bin sicher, es ist an der Zeit eines neuen Konzils der Weltkirche, Zeit für ein Vaticanum III. Es muss alles aufs Tapet. Es muss alles der Reform unterzogen werden, damit die Rose atmen kann. Die Rose braucht Licht. Die Rose braucht Luft. Nach eigener Definition ist die Kirche ja *semper reformanda,* also der permanenten Reform bedürftig. Und so wirklich reformiert wurde in den letzten dreißig, vierzig Jahren eher nicht. Wär doch mal eine Idee. Ich sach dat ja nur mal so, en Vaticanum III wär ne jute Sache.

Mich fragen viele Leute: „Leidest du nicht an der Kirche, besonders jetzt?" Meine Antwort: „Nä. Ich trauere auch nicht um die Kirche. Ich bin höchstens traurig wegen der ganzen Situation, die wir zurzeit haben, und dass die Leute nicht den Zuspruch von der Kirche erhalten, den sie im Glauben doch verdienen, und dass sie das Vertrauen in die Kirche und damit auch in die christliche Botschaft verlieren. Aber leiden tue ich nicht. Denn der Sonntag Laetare zeigt mir, dass letztendlich alles in unserem Leben und auch in unserer Kirche, auch der Weg durch tiefe Dunkelheit, im Blick auf Ostern, auf den rosa Lichtschimmer am Horizont zu bewältigen ist."

Mir hilft da immer sehr der Satz vom großen Romano Guardini: „Geborgenheit im Letzten gibt Gelassenheit im Vorletzten." Alles Weltliche und ebenso die Kirche sind das Vorletzte. Das Letzte aber ist die Geborgenheit in Gott. Das Letzte – und deshalb auch der Erste – ist der auferstandene Christus.

Die Kirche ist in der Krise? Die Zeiten sind dunkel? *Laetare Jerusalem!* Freut euch! Die Morgenröte kommt.

Denn im Garten des Lebens ist auch in der Nacht das Licht immer noch die Energie allen Lebens. Denn selbst in dunkelster Nacht strahlt das Licht der Sterne in der Ferne.

12. Kalenderwoche: Das Grabtuch von Turin

Was bringt diese Woche?

Die Passionszeit, der Vorausblick auf die Karwoche, die verhüllten Kreuze – auch schon, hinter dem Leiden, der Sieg des Lebens, die Auferstehung Christi. Aber eins nach dem anderen.

Ich stelle Ihnen ein wunderbares, inzwischen vergriffenes Buch vor: „Das Grabtuch von Turin oder das Geheimnis der heiligen Bilder" von Paul Badde.[10] Ich zitiere mal, was der Verlag dazu schreibt: „Millionen werden im Jahr 2010" – und wieder 2025, wenn es das nächste Mal öffentlich gezeigt werden soll – „nach Turin reisen, wenn nach Jahren wieder ein 4,36 x 1,10 m großes, mit mysteriösen Flecken übersätes, uraltes Leinentuch gezeigt wird. Stammt es aus der Antike? Sind das Blutflecken, die man da sieht? War das vielleicht das Tuch, in das man den toten Jesus wickelte, als man ihn ins Grab legte? Das wäre sensationell. Dann nämlich sind die auf dem Tuch erkennbaren Gesichtszüge eines Folteropfers die Gesichtszüge des Rabbi Jeschua von Nazareth. Dann wissen wir, wie groß er war und woran er konkret starb."

Jedes Detail des Bildes auf dem Tuch entspricht exakt dem, was die vier Evangelisten der Bibel über die Hinrichtung des Jesus von Nazareth an einem Frühlingstag des Jahres 30 vor den Toren Jerusalems berichten. Und ich schließe jetzt einfach mal ganz kurz aus dem Buch von Paul Badde: Kein Objekt der Archäologie ist so kompatibel mit jedem Detail der Passionsgeschichte. Kein Bild, kein Schriftstück auf der ganzen Erde spiegelt so präzise, wie Jesus zu Tode kam. Auf seine geniale Art hat schon Albrecht Dürer 1516 die Echtheit des Tuches bewiesen, als er mit dem Versuch scheiterte, mit dem Pinsel ein Abbild davon zu erstellen. Auf dem Turiner Tuch sehen wir keine Konturen, keine Zeichnung, keine Farbpigmente, nichts davon, und nichts ruht nur in den oberen Teilen der Faser. Keiner kann sagen, wie genau dieses Bild auf oder in den Stoff geraten ist. Dennoch tobt um das zarte, geheimnisvolle Bild ein großer Kampf der Archäologen und Theologen, der Chemiker und Biologen. Der Glaubenden und der Nichtglaubenden. Die einen knien davor, die anderen haben ein Heideninteresse daran, das Tuch als Fälschung zu entlarven. Immer geht der Streit von Neuem los. Eine internationale und interdisziplinäre Forschungskommission hat in den letzten Jahrzehnten aufregende Ergebnisse zutage gefördert. Absolute Eindeutigkeit über die Historie des Tuchs wurde bisher nicht erzielt.

Am 28. April 2022 fragte die BILD-Zeitung in einer Schlagzeile: „Wissenschaftssensation: Lag Jesus doch im Grabtuch von Turin?" Entgegen der Annahme von Wissenschaftlern des British Museum und der University of Oxford aus dem Jahr 1988, die mithilfe der C14-Radiokarbonmethode das Tuch untersucht hatten, es handle sich dabei um eine Fälschung aus dem Mittelalter, haben nun italienische Wissenschaftler der Universität von Padua das Alter von Fäden aus dem Tuch mit der neuen WAXS-Röntgenanalyse bestimmt. Demnach stünde fest, dass das Tuch aus dem 1. Jahrhundert n. Ch. stamme. Es kann also – dem Alter nach – tatsächlich das Tuch sein, das das Evangelium bei der Grablegung Jesu erwähnt.

Schon lange ist es das am gründlichsten untersuchte Stück Textil der Welt. Seine Entstehung bleibt letztlich unerklärlich. Paul Badde senkt in seinem Buch diese Ikone des Herrn in die Herzen der Leserinnen und Leser von heute. Und da kommen wir dem Geheimnis unseres Glaubens sehr nah:

Dass dieses sanfte Bild des Gekreuzigten in der abgründigen und maßlosen Grausamkeit dieser Welt die Menschen zutiefst trösten kann. Nichts anderes tröstet und erfüllt so sehr das menschliche Empfinden gegenüber der Alternative, dass nicht nur das Leiden, sondern alles Leben und Existieren abgrundtief sinnlos sind in einem unendlich gleichgültigen, kalten Universum.

Der evangelische Pastor Bodelschwingh hat gesagt: „Wer ein Kind, wer sein Kind sterben sieht, verliert entweder seinen Glauben oder er bekommt ihn in nie gekannter Tiefe zurück."

Er wusste, wovon er redet. Vier seiner Kinder hat Bodelschwingh sterben sehen. Dass er in seinem Glauben dennoch wuchs, ist nur dadurch zu erklären: Das Bild des Gekreuzigten und die Botschaft, niemals sei das Leiden und der Tod das Letzte, hat ihn getröstet.

Das Antlitz, das Gesicht vom Turiner Grabtuch, tröstet uns.

„Im Garten des Lebens ist das endgültig Letzte das Lachen auf den Gesichtern der Weinenden" – sagt Jesus.[11]

13. Kalenderwoche: Heilige Teresa von Ávila

Was bringt diese Woche?

Die Erinnerung an eine heilige Frau. Die sich aber nicht unauffällig in den Heiligenkalender der Kirche einreiht. Eine Frau mit Ecken und Kanten, mit einem selbstbestimmten Leben, man könnte auch sagen: mit einem stark ausgeprägten Dickkopf. Und deshalb sei hier zu ihrem irdischen Geburtstag ihrer gedacht, nicht zu ihrem himmlischen, ihrem Todestag. Letzterer war am 4. Oktober 1582, sie starb in Alba de Tormes bei Salamanca in Spanien. Die Kirche feiert ihr Heiligenfest aber jedes Jahr am 15. Oktober. Das liegt an der gregorianischen Kalenderreform, die genau in dem Jahr 1582 in der kalendarischen Zählung einfach zehn Tage hat ausfallen lassen. Ich nehme mal an, für Teresa spielt die genaue Datierung der Ankunft im Himmel keine Rolle mehr, da geht's ja mehr um die Ewigkeit.

Rein irdisch gesehen spielt ihre Ankunft auf diesem Planeten aber eine große Rolle; die war am 18. März 1515 in Ávila in Kastilien, also in dieser 13. Woche des Jahres. Und weil dieser Geburtstag in die Fastenzeit fällt, in die kirchliche Bußzeit, und die Kirche gegenüber den Frauen noch einiges an Buße und Umkehr nachzuholen hat, hier die Erinnerung an diese heilige Frau – ein bisschen wie ein Stachel im kirchlich-irdischen Fleisch.

Sie wissen es längst: es geht um die große Teresa von Ávila. Und ich halte mich hier in der Erzählung aus ihrem Leben an das, was Hans Conrad Zander hinreißend über sie geschrieben hat.[12]

Am 24. August 1562 war das kleine Städtchen Ávila in Aufruhr. „Loca! Loca! Spinnerin!" Spinnerin!, rief eine Rotte von Menschen, die sich durch die Gassen von Ávila wälzte, hin zu einem besetzten Haus. Darin harrten fünf junge Frauen unter der Leitung von Dona Teresa aus, die in einer Nacht- und Nebelaktion, ohne die Amtskirche zu fragen, ihr eigenes Kloster gegründet hatten. Spinnerin! Spinnerin! Die ersten Steine flogen.

Im Jahr 1970 erhob Papst Paul VI. diese Frau Teresa zu einer der größten Heiligen der Weltkirche neben Maria, der Muttergottes; sozusagen:

Maria 2.0; er ernannte sie als erste Frau in der Weltgeschichte zu einer *Doctor Ecclesiae,* einer Lehrerin der Kirche.

Warum aber war es so skandalös, dass sie ein Kloster gründete? Im 16. Jahrhundert galten Frauen als nicht meditationsfähig, weil sie angeblich auch nicht sehr denkfähig waren, sie hatten Ehefrauen, Mütter, stille Klosterfrauen zu sein und den Männern zu dienen. Basta!

Teresa wollte ein Kloster, in dem die Frauen frei und unabhängig selbst bestimmten, wie sie darin lebten, sie wollte geistige Nahrung, intellektuellen und spirituellen Austausch, keine Frauenverwahranstalt. Und dass Frauen auch über Gott nachdenken, sich in seine Gegenwart versenken und meditieren können, das wusste Teresa mit größter Gewissheit aus eigener Erfahrung.

Die Kirche aber lehrte damals offiziell: „Von allen kirchlichen Würden auszuschließen sind Frauen, ferner Zwitter, die eher Frauen sind als Männer, sowie Missgeburten, Scheusale und unheilbare Geisteskranke." Na, das muss ich heute nicht mehr kommentieren.

Frauen gingen damals entweder ins Kloster oder heirateten. Teresa aber schreibt über ihr Leben: „Nie ist es mir gelungen, meinen Verstand jemandem unterzuordnen." Teresa dachte bei dieser Selbstbehauptung an ihre eigene Mutter unter der Tyrannei eines Ehemannes: mit 15 verheiratet, sofort geschwängert, von einem Kindbett ins nächste geworfen, immer leidend, immer widerspruchslos lächelnd, mit jeder Geburt schwächer, mit 27 tot.

Nein, solch ein Leben wollte Theresa nicht. Und das sagte und schrieb sie klar und deutlich und hielt sich konsequent daran. Deshalb wurde sie von Simone de Beauvoir, der französischen Atheistin und Philosophin, verehrt und „die große Wegbereiterin der modernen Frauenemanzipation" genannt.

Teresa schrieb dem damals mächtigsten Mann des Abendlandes, König Philipp II. von Spanien, in einem Brief: Er solle an König Saul (der erste König der Israeliten, das Alte Testament erzählt von ihm als Vorgänger König Davids) denken. Auch dieser sei zum König gesalbt gewesen, aber von Gott verflucht worden, weil er ungerecht war. Selbst Gottvater wurde nicht vom Spott dieser Frau verschont. Teresa schreibt, sie habe eine Vision gehabt: Gottvater zeigt darin auf seinen gekreuzigten Sohn und sagt: „Siehe

Teresa, so behandele ich meine Freunde." Worauf sie ihm geantwortet habe: „Ach ja, Gott, deshalb hast du auch so wenige."

Wunderbar!

39 Jahre, so schreibt sie, war sie umnachtet von schweren Ängsten und Depressionen. Dann kam diese innere Befreiung, die Selbstbehauptung, das eigene und freie Denken, Sprechen und Handeln. Siebzehn eigenständige Klöster hat sie gegründet, jedes in einer Nacht- und Nebelaktion.

Innerlich frei schrieb sie ihr berühmtes Gedicht:

„Nada de turbe
nada te espante
todo se pasa

Dios no se muda
la paciencia
todo lo alcanza

quien a Dios tiene
nada le falta
sólo Dios basta"

Die deutsche Fassung:

„Nichts soll dich verstören,
nichts dich erschrecken,
alles vergeht,

Gott ändert sich nicht.
Geduld
erlangt alles;

wer Gott hat,
dem fehlt nichts:
Gott allein genügt."

Nada te turbe, nichts soll dich ängstigen, *nada te espante*, nichts dich erschrecken. *Sólo Dios basta.* Darin lag keine Ergebenheit in ein aufgezwungenes Schicksal, kein Kuschen in einer männerdominierten Welt. Darin lag größte Freiheit, Mut, ein völlig neues Selbstverständnis der Frauen.

Denn im Garten des Lebens lässt diese innere und äußere Freiheit die schönsten Knospen aufbrechen hin zur Sonne.

Basta!

14. Kalenderwoche: Ostern in aller Freundschaft

Was bringt diese Woche?

Es ist Karwoche. Was ist wichtig, damit unser Weg der inneren Einkehr hin zum Osterfest gelingt?

In aller Freundschaft ist eine der erfolgreichsten Serien im Fernsehen. Sie spielt in einer fiktiven Klinik in Leipzig, in der Sachsen-Klinik. In allen denkbaren Räumen eines Krankenhauses wird gedreht, sogar an der Eingangstür zur Toilette. Nur ein Raum in der Sachsen-Klinik kommt als Drehort für irgendeine Szene nicht vor. Schlicht und einfach, weil es diesen Raum dort nicht gibt. Nämlich die Krankenhauskapelle. Das wäre in den Kliniken meiner Kindheit undenkbar gewesen. Ich gehe in Gedanken in die Kapelle des alten Hospitals in Wipperfürth, in der ich übrigens getauft wurde …

Das Fehlen einer Kapelle in der Sachsen-Klinik hat natürlich Konsequenzen. Nehmen wir eine der dramatischen Szenen, die immer wieder vorkommen. Ein Kind wird operiert. Die Eltern des Kindes laufen vor dem OP-Saal auf und ab, sie empfinden eine abgrundtiefe Angst. Sie sind in Angst gefangen. Wie Rainer Maria Rilkes Tiger: „Als wenn es tausend Stäbe gäbe und hinter tausend Stäben keine Welt." Wo sollen sie hin mit ihrer Angst? Der einzige Ort, der etwas anbietet, ist der Getränkeautomat.

Die Operation ist gelungen. Dankbarkeit überflutet die Herzen der Eltern. Aber da ist wieder kein Ort, wo sie damit hingehen können, um Danke schön zu sagen.

Eine zweite Szenerie. Noch viel dramatischer. Die Operation ist misslungen, und auch der Arzt weiß keine Worte des Trostes, der Hilfe. Die Eltern sind verzweifelt. Wohin sollen sie rennen, um ihre Verzweiflung herauszuschreien? Zum Getränkeautomat?

In der Klinik meiner Kindheit war der Zufluchtsort der Ort, an dem ich jetzt in Gedanken bin. Meine Mama ist in diesem Krankenhaus gestorben und nachdem sie auf der Intensivstation ihre Augen geschlossen hatte, war es selbstverständlich, dass mein Papa und meine Geschwister hier in diese Kapelle gingen und für die Mama gebetet haben.

Natürlich kann den Schmerz einer Mutter und eines Vaters, die ihr Kind verloren haben, auch das stumme Entzünden einer Kerze in einer Kapelle nicht direkt lindern.

Aber es kann den Keim einer Hoffnung in ihr Herz setzen.

Es ist vielleicht wahr, was die Religionen erzählen: Der Mensch hat eine Seele, und die Seele eines jeden Menschen ist kostbarer als das ganze Universum und nichts kann die Seele zerstören. Auch nicht der Tod. Die Hoffnung, dass Ostern wahr ist – das heißt: Mutter, Vater, die ihr um eure Kinder weint, habt keine verzweifelte Angst, ihr werdet euer Kind wiedersehen.

Und ganz ohne Worte sagt so ein kleines flackerndes Licht dasselbe denen, die verzweifelt sind. Ich glaube sogar, sie sagt es nicht nur den christlich glaubenden Menschen, die die Osterbotschaft kennen. Das Licht leuchtet auch denen, die anders an Gott glauben, wie auch immer, und sogar denen, die gar nicht an einen Gott glauben können oder wollen, aber genauso Trost brauchen wie religiöse Menschen. Ob sie das später in irgendein Glaubensbekenntnis, in eine mit Worten formulierte Hoffnung fassen können, ist fast egal. Sie brauchen eben in der Stunde der größten Not einen Ort für ihre Verzweiflung, ihre Trauer, ihre Stummheit oder für ihre Schreie, wie Jesus ja auch geschrien hat in seiner letzten Stunde. Und sie brauchen: ein Licht der Hoffnung.

Hier ist mein Tipp, mein Impuls für diese Woche für Sie „in aller Freundschaft": Gehen Sie in die Kapelle eines Krankenhauses, zünden Sie eine Kerze an für alle Kranken, die da liegen, für die Lieben, die uns vorangegangen sind, für die, die bald gehen müssen. Und für die, die verzweifelt sind und trauern. Vielleicht auch kommt in den nächsten Minuten jemand in diese Kapelle, der oder die genau dieses brennende Licht braucht.

Weil wir alle – irgendwie – Ostern brauchen. Es ist bald da.

Im Garten des Lebens bricht alles Lebende und selbst das Tote blühend auf. Halleluja.

15. Kalenderwoche: Aus dem Grab in die Welt

Was bringt diese Woche?
Eine wahre Geschichte:

Es war vor einigen Jahren in Rom im Vatikan, als sich die Kardinäle der Welt versammelten, um einen neuen Papst zu wählen. Am Vorabend traf sich eine kleine Schar von Kardinälen. Und einer von ihnen meldete sich zu Wort, indem er auf das bekannte Bild hinwies, das wir aus den Evangelien kennen: Jesus klopft an eine verschlossene Tür. „Dieses Klopfen", sagte der Kardinal, „hören wir auch heute, wenn wir aufmerksam sind. Nur dass dieses Klopfen nicht von außen kommt, sondern von innen. Jesus will aus einem verschlossenen Raum hinaus. Er will aus der abgeschlossenen Kirche hinaus in die Welt, so wie er aus dem verschlossenen Grab hinausgegangen ist in die Welt. Das will er auch heute. Wir müssen ihn nur lassen."

Mit Erschrecken stellten die anwesenden Kardinäle fest, dass ihr Mitbruder gerade unsere Kirche als verschlossenes Grab bezeichnet hatte. Der Name dieses Kardinals war Jorge Mario Bergoglio. Und er wurde der neue Papst.

Sein apokalyptisches Bild erscheint mir wie eine unheimliche Vision als Beschreibung der Zeit, die wir erleben. Unsere Kirchengebäude sind leer. Ist das nicht ein deutliches Zeichen dafür, dass wir den Weg, den Jesus aus dem geöffneten Grab uns vorausging mit der Aufforderung, ihm nachzufolgen, nun endlich gehen?

Unsere Kirche ist wie ein verschlossenes Grab. Ich kann sie nicht mehr hören, die endlosen Debatten, Streitereien um die Struktur, in der wir uns nur um uns selber drehen. Ich kann es nicht mehr ertragen, dass sich unsere Kirche in einem dogmatischen Grab selber beerdigt.

Liebe Mutter Kirche, habe den Mut, endlich herauszugehen! Heraus aus diesem dogmatisch verschlossenen Grab in die Welt! Dass wir den Menschen das geben, wonach sie hungern und dürsten: den Armen das Brot für ihren Leib. Aber allen, vor allem den im Wohlstand überaus Gesättigten in ihrer, in unserer Konsumraserei, das Brot für die Seelen!

Die Kirche braucht eine authentische, nicht zeitgeistige, aber eine authentisch ehrliche, tiefe Reform. Wie die aussehen könnte? Nun, dazu gibt es viele gute Gedanken und manchmal habe ich den Eindruck, noch mehr Bücher. Eins hat mich überzeugt, weil es nicht aus der Theorie, sondern aus der Praxis kommt. Der Pfarrer von Köln-Höhenberg-Vingst, vom „HöVi-Land", beschreibt in seinem Buch *Glaube, Gott und Currywurst*[13] ganz konkret, wo der Platz der Kirche ist: bei den Menschen. Und das meint nicht nur ihn als Pfarrer und seine Mitarbeiter/innen, die sich vielleicht neue Methoden haben einfallen lassen. Das meint die ganze Gemeinde, die Kirche vor Ort in diesen beiden großen Stadtvierteln, die sich aufgemacht hat zu den Menschen direkt an ihrer Seite. Es ist wunderbar.

Ich habe in der Corona-Lockdown-Zeit das seltsamste und eigenartigste Osterfest meines Lebens erlebt. In der kleinen Kirche in Wiedennest fand die Osternacht, die große Feier des auferstandenen Christus, die zentrale Feier des Lebens, in einer leeren Kirche statt – als Online-Streaming-Gottesdienst. Ich sang also das jahrhundertalte Osterlob, das „Exsultet" in einer leeren Kirche:

> *„Frohlocket, ihr Chöre der Engel,*
> *frohlocket, ihr himmlischen Scharen,*
> *lasset die Posaune erschallen,*
> *preiset den Sieger, den erhabenen König!*
>
> *Lobsinge, du Erde, überstrahlt vom Glanz aus der Höhe!*
> *Licht des großen Königs umleuchtet dich.*
> *Siehe, geschwunden ist allerorten das Dunkel.*
>
> *Auch du freue dich, Mutter Kirche,*
> *umkleidet von Licht und herrlichem Glanze!*
> *Töne wider, heilige Halle,*
> *töne von des Volkes mächtigem Jubel."*

Aber da war kein „Volk". Da tönte kein gemeinsamer „Jubel". Vielleicht habe ich das Exsultet deshalb so innig wie noch nie gesungen. Damit es durch die tatsächlich verschlossenen Türen der Kirche hinaus geht in die Welt. Mit dieser Botschaft:

Du, Mensch, brauchst keine Angst zu haben, weil du eine Seele hast. Und diese Seele ist kostbarer als das ganze Universum: deine Seele. Nichts kann die Seele zerstören. Keine Depression, keine Krankheit, kein Virus, kein Krieg. Und auch nicht der Tod. Das ist die befreiende Botschaft, die die Kirche in diesem Universum laut zu singen hat. Die Welt wartet auf diese Botschaft – ob sie es weiß oder nicht. Deshalb gehen wir Christinnen und Christen aus den verschlossenen Kirchen hinaus in die Welt. Ich will es tun, so gut ich es kann. Deshalb war mein Exsultet in dieser kleinen Kirche in Wiedennest wohl so innig, aber auch so deutlich und laut wie noch nie:

„Siehe, geschwunden ist allerorten das Dunkel."

Diese Botschaft lässt im Garten des Lebens alles neu erblühen. Einen besseren Dünger gibt es nicht.

Frohe Ostern!
Halleluja!

16. Kalenderwoche: Das Senfkorn

Was bringt diese Woche?
Eine große Kleinigkeit.

Jetzt, wo der Frühling wie ein großes Gleichnis von Ostern die Natur wieder aus dem Wintertod herausreißt, alles wächst, grünt, zu blühen beginnt, aus winzigen Samenkörnern eine wunderbare Schöpfung entsteht, da fällt mir das Gleichnis Jesu vom Senfkorn ein. Auch ein Ostergleichnis – auf seine kleine, eher unauffällige Art.

„Schaut auf das Senfkorn!", sagt Jesus. „Es ist das kleinste unter den Samenkörnern. Aber dann wird es ausgesät und geht auf und wächst und wird zu einem der größten Gewächse. Es wird zu einem Baum. Und die Vögel des Himmels kommen und nisten in seinen Zweigen."[14]

„Herrlich! So ist es auch mit dem Himmelreich", sagt Jesus. Man könnte angesichts des Zustands in der Welt traurig sagen: Das wird nichts mehr mit dem Reich Gottes. Und was kann ich bei all den großen Konflikten und Krisen auch schon tun? Aber wenn einer nicht weiß, was im Frühling blüht, hält er einen Baum im Januar auch für ein totes, aussichtsloses Ding.

Dazu gehört auch die Parabel, die viele schon kennen. Es waren einmal zwei Frösche. Und beide Frösche fielen jeweils in einen großen Eimer mit Milch, und es war unmöglich für die Frösche, aus ihren Eimern zu entkommen.

Der erste Frosch gab sehr schnell auf. Er sagte: „Ich bin doch so ein kleiner, unbedeutender Frosch. Was soll es bringen, mich hier anzustrengen? Ich werde niemals diese Steilwand erklimmen können." Und er gab auf. Denn er hatte Schopenhauer gelesen.

Der zweite Frosch hatte nicht Schopenhauer gelesen, sondern auf irgendeine Weise davon gehört, was mein Vater zu diesem Thema sagte: „Willibert, du tust, was du kannst, und alles andere überlässt du dem Herrgott." Also tat der Frosch, was er konnte, nämlich schwimmen und mit den Hinterbeinen immer wieder zappelnd in die Milch stoßen. Und dadurch wurde die Milch immer dickflüssiger. Und irgendwann wurde sie zu Butter und, zack, sprang der Frosch aus dem Eimer.

Das ist das, was Jesus über das Senfkorn sagt. Man muss das kleine Ding aussäen – tun, was man kann – und dann dem Herrgott überlassen, dass es wächst.

Mein Arzt hat mir immer erzählt: „Eines der tragischsten Dinge für einen Menschen ist mangelndes Selbstwertgefühl. Was für ein trauriger Quatsch, sagte mein Arzt, ich bin ich und du bist du. Kostbar und einmalig."

Also spricht, wenn es das könnte, das kleine Senfkorn: Wenn ich auch klein bin, ich tu, was ich kann. Ich wachse.

Was es kann, werde ich nie vergessen: Ich habe es erfahren, als ich als junger Mensch zum ersten Mal Düsseldorfer Löwensenf zu mir nahm. Die Tränen schossen mir in die Augen und ich dachte: Wie ist es nur möglich, dass aus so einem kleinen Senfkorn so eine scharfe Sache werden kann?

Da wir jetzt schon über den Frühling, Ostern, das Himmelreich, das Senfkorn, Frösche und Milch, meinen Arzt, sogar bis nach Düsseldorf zum Löwensenf gekommen sind, noch einen Schritt weiter.

Mein liebster Löwen-Witz:

Ein christlicher Missionar rennt durch die Wüste auf der Flucht vor zwei hungrigen wilden Löwen. Er kann nicht mehr, fällt auf die Knie und fleht zu Gott: „Lass aus diesen zwei wilden Löwen schnell fromme Christen werden!" Dann sank er in den Sand. Und das Wunder geschah. Die zwei Löwen fielen rechts und links von ihm auf die Knie, falteten ihre Vordertatzen und beteten: „Komm, Herr Jesus, sei unser Gast und segne, was du uns bescheret hast."

Löwensenf dazu.

Denn im Garten des Lebens wird aus dem Senfkorn ein großer Baum, aus einem kleinen Witz ein befreites Osterlachen, und aus dem Körnchen Hoffnung das Himmelreich.

17. Kalenderwoche: Heilige Katharina von Siena

Was bringt diese Woche?
Ich möchte in dieser Woche der Katrin ein Lied singen.

„Oh Katrin, ich han mich verloren, verloren an dich"; das singen wunderschön die Bläck Fööss und ich auch. Denn am 29. April ist der Geburtstag im Himmel, also der Todestag und das Fest der heiligen Katharina von Siena. Deshalb nun die faszinierende Geschichte der heiligen Katharina, wie sie der Priester und Dichter Wilhelm Hünermann aufgeschrieben hat:

Wir befinden uns im 14. Jahrhundert. Die Stadt Rom zerfällt nach dem Auseinanderbrechen und dem Ende des römischen Weltreiches. Zum Beispiel grasen in der Papstkirche San Giovanni in Laterano die Ziegen und Schafe bis hin zum Altar. Wo sind die Päpste? In Avignon. Sie hingen vom französischen König ab, der den Papstsitz in seinem Land haben und da kontrollieren wollte. Schon siebzig lange Jahre waren die Päpste Marionetten im politischen französischen Spiel. Und außerdem war es in Avignon viel angenehmer zu leben als im mückenverseuchten Rom …

„Sur le pont d'Avignon,
On y danse, on y danse,
Sur le pont d'Avignon
On y danse tous en rond."

Wohl fühlt Papst Gregor XI. die Verpflichtung, zum Grab des heiligen Petrus zurückzukehren. Aber wie schwer ist es für den – selbstverständlich – französischen Pontifex, die Heimat zu verlassen, seinen Vater, seine Verwandten, seine Landsleute? Soll er wirklich die grünen Gefilde der Rhône und der Durance verlassen, den Blick auf den bewaldeten Hügel von Montfavet verlieren, die gute Luft, die in der Provence im Wind vom Mont Ventoux herunterkommt, gegen die stinkende Stadtluft Roms eintauschen? Mit anderen Worten: Sollte er das verlassen, dieses sehr angenehme *„Sur le pont d'Avignon ..."*?

Traurig lässt Gregor seinen Blick aus dem Palast über die Stadt und das Land schweifen, fast mit Gewalt muss er sich von all dieser Herrlichkeit losreißen. Die schmale Hand greift nach der kleinen silbernen Schelle, die vor ihm steht. „Ich bitte die Jungfrau Katharina von Siena zu mir", gebietet er dem Diener.

Dann steht sie vor ihm. Eine Frau, hochgewachsen, im weißen Gewand der Dominikanerinnen, emanzipiert, als das Wort Emanzipation noch lange unbekannt bleibt, wäscht dem Papst mit einer gewaltigen Philippika den Kopf. „Der Sitz des Papstes ist und bleibt Rom! Nicht die prunkvollen Tanzsäle in Avignon! Du gehörst an das Grab des heiligen Apostelfürsten Petrus, dessen Amt und Dienst du übernommen hast!" Mit anderen Worten: Weg vom Tanzen auf der Brücke, von *„Sur le pont d'Avignon ...."*

Lange schweigt Gregor. Dann aber sagt er leise: „Ich kehre zurück nach Rom."

Das ist aber nicht so einfach. Vor allem die französischen Kardinäle wehren sich nach Strich und Faden gegen den Wechsel zurück nach Rom, unter ihnen besonders heftig einer: Robert de Genève. Er lief rot an vor Zorn, sein Gesicht wie sein Rock: „Was bildet sich diese Type ein?! Und seit wann hat eine Frau, eine Nonne, dem Papst, den Kardinälen und der ganzen Kirche Ratschläge zu erteilen und Vorschriften zu machen?!"

Aber Gregor XI. setzt sich durch, verlässt Avignon, zieht mit dem ganzen Hofstaat über die Alpen und durch Norditalien und nimmt in Rom wieder den Papstthron ein.

Da bleibt der Papstsitz allerdings nicht lange. Im Jahre 1378 stirbt Gregor XI. und sein regulär gewählter Nachfolger ist Urban VI. Den setzen die französischen Kardinäle ab, ernennen den Gegenpapst Clemens VII., mit bürgerlichem, oder besser: adligem Namen Robert de Genève, der größte Gegenspieler von Katharina von Siena, und der nimmt seinen Sitz natürlich wieder in Avignon. „Sur le pont ..."

Da beginnt das große abendländische Schisma mit mindestens zwei, manchmal drei Päpsten gleichzeitig. Es wird erst durch das Konzil von Konstanz, 1414 bis 1418, beendet. Von nun an ist der Papst wieder da, wo er hingehört: in Rom.

Katharina von Siena leidet unsäglich unter der Spaltung der Kirche. Der Riss geht durch ihr eigenes Herz. Am 29. April 1380 tritt der Tod an ihr armseliges Lager, sie stirbt mit denselben letzten Worten wie ihr Herr Jesus, dem die Mystikerin so leidenschaftlich anhängt: Vater, in deine Hände lege ich meinen Geist.

Alles wird gut.

Und was lernen wir daraus? Es wäre gut, wenn unsere Kirche mehr auf die Frauen hören würde.

Denn im Garten des Lebens wäre diese Einsicht sehr nützlich für Wachstum und Blühen.

Heilige Katharina, bitte für uns!

18. Kalenderwoche:
Plausibel: der Osterglaube

Was bringt diese Woche?
Immer noch das Fest der Feste.

Man liest und hört manchmal aus der Welt der Superreichen, zum Beispiel aus den Palästen der Kalifen und der Oligarchen, dass sie ihre Feste sieben Tage lang feiern. Lächerlich. Wir Christen feiern unser Fest aller Feste, nämlich Ostern, jedes Jahr 50 Tage lang.

Deshalb steht hier noch einmal ein Beitrag über den Sieg des Lebens über den Tod. Über Ostern. Aber jetzt möchte ich es von einer ungewöhnlichen Seite aus betrachten.

In der schönen Stadt Aachen lebt und arbeitet Professor Dr. Walter van Laack. Als er noch ein junger Arzt war und sein Vater im Sterben lag, fragte der Vater den Sohn: „Du bist doch Arzt. Meinst du, es kommt noch was nach dem Sterben und dem Tod?"

Der Sohn antwortete hart, aber seiner Überzeugung nach ehrlich: „Papa, das wäre zwar schön, aber das ist Quatsch. Der Mensch und alles Leben ist nichts anderes als Materie. Und nach dem Tod der Materie kommt nichts."

Heute denkt Professor Walter van Laack ganz anders. Er ist davon überzeugt, dass es gerade aus Sicht der Wissenschaft plausibler ist, an ein Leben nach dem Tod zu glauben, als nicht daran zu glauben. In seinem Buch *Unser Schlüssel zur Ewigkeit*,[15] das ich Ihnen ans Herz lege, steht im Klappentext: „Gibt es keinen Platz mehr in der modernen Wissenschaft für den Glauben an Gott, für den Glauben an einen vom Gehirn unabhängigen Geist, für einen Glauben an ein Leben nach dem Tod?"

Der Autor ist Facharzt und Hochschulprofessor. Nach jahrzehntelanger Forschung kommt er zu der Überzeugung: Es gibt Fakten, die sind größer als das ganze Universum. In seinem Buch erklärt er diese Auffassung. Nun ist das Buch nur zu verstehen, wenn man Grundkenntnisse in mathematisch-logischem Denken hat. Van Laack nähert sich seiner Überzeugung über mathematische, logische, neurologische, quantenphysikalische Wege; und ich gebe zu: Für mich, ungewohnt, diese Wege zu gehen, war es nicht ganz einfach, ihm zu folgen.

Warum bespreche ich dann hier sein Buch? Weil ich zur Motivation, dieses Buch zu schreiben, offenbar etwas beigetragen habe. Ich komme in dem Buch vor. In der Einleitung erinnert van Laack an Robert Enke, den Torwart des Fußball-Bundesliga-Vereins Hannover 96, der sich in einer schweren Depression am 10. November 2009 das Leben nahm. Dann zitiert er aus meiner Büttenrede in der Karnevalssession 2009/10; damals wollte ich zeigen, dass unser rheinischer Humor auch eine menschlich-besinnliche Seite hat. Ich sagte: „Wisst ihr, was mich am allermeisten bei dieser schlimmen Sache berührt? Das war, was die Frau Theresa Enke am Tag nach dem tragischen Tod ihres Mannes gemacht hat. Sie ist zum Grab ihrer kleinen Tochter Lara gegangen, die zweijährig verstorben ist, und hat ein Schild auf das Grab gestellt, mit nur drei Worten. Und die drei Worte sagen alles. Sie hat darauf geschrieben: Lara, Papa kommt."

Kein Tod, keine Krankheit, keine Depression, kein Abgrund dieser Welt kann unsere Seele zerstören. Denn die ist größer als das ganze Universum. Professor Walter van Laack kommt aus seiner wissenschaftlichen Sicht zu der Überzeugung, dass der Mensch unendlich mehr ist als ein Zellhaufen, der biochemisch reagiert. Mit anderen Worten: Er ist überzeugt, dass Ostern wahr ist.

Deshalb dürfen wir Christen Ostern 50 Tage lang feiern und tun es. Und jeden Sonntag und immer wieder und eigentlich ununterbrochen.

Denn im Garten des Lebens hört dieses Fest niemals auf.

19. Kalenderwoche: Heilige Corona und heiliger Pankratius

Was bringt diese Woche?

Mal wieder Heilige aus dem großen Chor der heiligen Frauen und Männer.

Am 14. Mai feiert die Kirche den Gedenktag der heiligen Corona. Richtig: Corona. Das arme Mädchen aus den ersten Jahrhunderten nach Christus ist eine Märtyrerin aus Ägypten. Vor dieser verrückten Pandemie kannte sie noch „kein Schwein". Außer vielleicht ein Sakristan in Quedlinburg, wo im Domschatz ein Reliquienschrein der Heiligen aufbewahrt wird, und den muss er ab und zu abstauben. Im Bremer Dom gibt es sogar drei Skulpturen, die sie darstellen sollen, aber die wird da kaum jemand verehren, weil man mit der Frau dort heute nicht wirklich etwas anfangen kann. Im Aachener Dom befindet sich auch ein Reliquienschrein, in dem sich unter anderen heiligen Resten auch welche der Corona befinden sollen. Hier und da gibt es in Bayern Corona-Kapellen. In Österreich heißen zwei Dörfer nach der Heiligen. Das Virus aber wurde nicht nach ihr benannt, dessen Name leitet sich von der kronenähnlichen Form ab.

Von der Heiligen aus Ägypten weiß man auch den eigentlichen Namen nicht; Corona, zu Deutsch „die Gekrönte", ist eher ein Titel, den sie wegen ihres Martyriums trägt. Nach der Überlieferung gilt sie als Patronin des Geldes, der Metzger und Schatzgräber, aber bei Wien wurde sie im Mittelalter auch gegen Tierseuchen angerufen, und so kann es vielleicht nichts schaden, sie auch in der Pandemie, die ihren Namen trägt, um Schutz zu bitten. Eine Impfung ersetzt das Gebet aber nicht; da gilt wie so oft: Das eine tun und das andere nicht lassen.

Zu erzählen ist in diesen Maitagen aber auch von den Eisheiligen. Mehr oder weniger pünktlich um deren Gedenktage meldet der Wetterdienst oft einen Temperatursturz. Der liegt weniger an diesen „kalten"

Heiligen, sondern mehr an der Polarluft, die um diese Zeit nach Mitteleuropa strömen kann. Das tut sie nicht jedes Jahr. Manchmal scheint in der ersten Maihälfte auch die Sonne vom Himmel herab und erwärmt Natur und Menschenherz.

Einer der Eisheiligen ist – neben Mamertus, Servatius, Bonifatius und Sophia – der heilige Pankratius mit dem Gedenktag am 12. Mai. Man weiß nicht viel über ihn, aber was man über ihn weiß, ist spannend.

Achtung! Quizfrage: Warum gibt es in den Kirchen erst ab dem sechzehnten Jahrhundert Orgeln? Und warum ist bis zum heutigen Tag in keiner orthodoxen Kirche ein Orgelinstrument? Nun, die meisten werden vielleicht sagen, weil es damals noch keine Orgeln gab. Falsch, die Orgel gab es schon in der Römerzeit. Damit sind wir beim heiligen Pankraz. Denn im Kolosseum zu Rom stand in der Antike eine gewaltige Orgel, angetrieben durch Wasser aus den Albaner Bergen durch ein eigenes Aquädukt wie heute noch der Trevi-Brunnen, und so wie heute bei Eishockeyspielen immer wieder eine quäkende Hammondorgel zur Aufheizung des Publikums dazwischen spielt, so war es auch damals bei den grausamen Festspielen um Leben und Tod im Kolosseum. Wenn Menschen also von wilden Tieren zerrissen wurden, dann brauste zur weiteren Erheiterung der Klang der mächtigen Orgel. Da zahllose Christenmenschen im Kolosseum das Martyrium erleiden mussten, war für die ersten Christen der Klang einer Orgel immer verbunden mit dem grausamen Tod ihrer Märtyrer. Todesmusik. Todesklang. Dass Orgelmusik in Kirchen deshalb für lange Zeit tabu war und in der orthodoxen Kirche bis heute ist, ist nachvollziehbar.

Erst mit der Reformation fand die Orgelmusik ihren Weg in die Kirchen. Gott sei Dank! Sie ist ja die Königin der Instrumente. Und was kann die Orgel dafür, dass die Grausamkeit der Menschen keine Grenzen kennt? Dass sie missbraucht wurde als Begleiterin tödlicher Festspiele?

Ein vierzehnjähriger Junge steht im Jahre 304 im Inneren des Kolosseums. Die Menge tobt. Die Todesorgel braust, die ausgehungerten wilden Tiere werden in die Arena gelassen. Der Junge aber ist unglaublich tapfer. Wie der Gekreuzigte breitet er seine Arme aus und empfängt den grausamen Tod. Das muss die Leute damals so beeindruckt haben, dass sie sein Grab an der Via Aurelia vor den Mauern der Stadt Rom im Gedächtnis bewahrt haben. Als das Christentum Staatsreligion wurde und Christen ihre Kirchen bauen konnten, wurde etwa im Jahr 500 über dem Grab eine Basilika errichtet: die Kirche des heiligen Pankratius.

Die Glut des Osterglaubens an Christus gab diesem Jungen Kraft und Mut. Und das Instrument, das zu seinem Tod ertönte, gibt uns – gut bespielt – mit seinen Tönen heute oft Kraft, Mut, Trost, ein klingendes Licht ins Herz und einen Vorgeschmack auf die kommende Herrlichkeit.

Denn im Garten des Lebens liegt wegen des Osterglaubens immer Musik in der Luft.

Heilige Corona und heiliger Pankratius, bittet für uns! Wegen der Pandemie und wegen allen Viren, aber mehr noch, dass unser Glaube stark bleibt.

20. Kalenderwoche: Draußen vor der Tür

Was bringt diese Woche?

Den Geburtstag des Hamburger Schriftstellers Wolfgang Borchert.

Er wurde am 20. Mai 1921 geboren. Und er wurde nur 26 Jahre alt. Er war im Zweiten Weltkrieg Soldat und kehrte aus dem Krieg schwerstens traumatisiert an Geist, Seele und Körper zurück. Wie im Fieber schrieb er mehr als 50 Theaterstücke. Das bekannteste davon ist „Draußen vor der Tür". Es wurde am 21. November 1947 in den Hamburger Kammerspielen uraufgeführt und dann hundertfach auf Bühnen großer und kleiner Theater und auch außerhalb der professionellen Schauspielkunst von Schülern und Laiengruppen aufgeführt.

Ich werde nie vergessen, wie ich zum ersten Mal als Schüler auf dem Gymnasium dieses Theaterstück als Hörspiel erlebte. Vor allem ein Satz hat mich zutiefst getroffen und erschüttert. Der Satz wird von dem Protagonisten Beckmann, auch ein versehrter Kriegsheimkehrer, in den dunklen Raum des Theaters hinausgeschrien: „Ist denn da niemand? Ich bin so allein. Ich bin so furchtbar allein."

Für mich ist das die Zusammenfassung der Urangst der Menschen. Vielleicht haben die Atheisten recht und der Mensch ist letztlich nichts anderes als ein kurz aufglühendes Staubkörnchen in einem kaltem Universum, das vollkommen gleichgültig in Milliarden und Myriaden von Sternenhaufen ohne jeden tieferen Sinn vor sich hin rollt. Da ist niemand, der es hält, der jede und jeden von uns hält. Wir sind furchtbar allein.

Dagegen und gegen die unendliche Trostlosigkeit steht ein Satz aus dem Evangelium, der uns an einem Sonntag in der Osterzeit vorgelesen wird. Jesus von Nazareth sagt: „Ich bin bei euch alle Tage bis ans Ende der Welt. Habt keine Angst!" (Mt 28,20).

Euer Leben ist nicht bedroht durch einen Tod ins Nichts hinein, eure unsterbliche Seele wird vielmehr den Raum wechseln in das Licht der Liebe und der Lebensfülle.

Dieses Gottes-, Menschen- und Weltbild wird schon in die Herzen der Menschen gespiegelt im Alten Testament, in der hebräischen Bibel. Zum Beispiel bei Jesaja, wenn es dort in fast kindlicher Sprache von Gott heißt, der den Menschen sagt: „Ich werde euch auf meinen Armen tragen und wie ein Kind auf meinem Schoß wiegen" (Jes 66,12).

Immer wenn ich diese Stelle beim Propheten Jesaja höre, denke ich an eines der schönsten Lieder von Reinhard Mey. Es besingt zärtlich und liebend *Das kleine Mädchen* (Album *Farben*, 1990). Das ist seine einjährige Tochter, sie sitzt auf seinem Schoß, die plappert, lacht, erzählt, ohne zu artikulieren, und schlägt mit winzigen Fingern Klaviertasten an. Der Vater erinnert sich dabei an diese erstaunlichen Veränderungen: erst das Erwarten, dann die Geburt, die Flut von Gefühlen, diese Hilfsbedürftigkeit, das Glück und die Sorgen, all die sich vom Kind zu den Eltern unmittelbar mitteilenden Entwicklungen ... Jetzt dieser quicklebendige kleine Mensch auf den Knien. Der ist darauf ganz sicher. Denn der Vater hat vor allem einen Gedanken, eine Aufgabe für dieses Kind: es zu halten, zu schützen, es nicht fallen zu lassen, nicht vom Schoß, nicht aus der Liebe: „Ich lass dich nicht los."

„Ich lass dich nicht los." Und: „Ich bin bei euch alle Tage bis ans Ende der Welt!" Das ist das innerste Wesen unseres Glaubens. Gott, der dreifaltige Gott, steht in einer innigen, liebenden Beziehung zu uns.

Wir sind nicht allein.

Denn im Garten des Lebens sind wir vom Vater geliebte Kinder.

21. Kalenderwoche: Himmelfahrt

Was bringt diese Woche?

So eine Zwischenzeit. Nämlich zwischen dem Fest Christi Himmelfahrt – der auferstandene Christus wird in den Himmel aufgenommen – und dem Pfingstfest – er sendet seinen Geist zur Erde und ist damit wieder bei uns.

Kann man das eigentlich alles so in Ereignisse aufteilen, Ostern, Himmelfahrt, Pfingsten, die zeitlich nacheinander stattfanden? Kann man. Weil immer verschiedene Aspekte des österlichen Glaubens nacheinander gefeiert werden, wie in einem dunklen Kino verschiedene Perspektiven und Bilderfolgen von der Filmrolle durch eine Lampe hell auf die Leinwand projiziert werden und die eine große Geschichte beleuchten.

Ich weiß es noch wie heute: Mein Kaplan Leo Kroha lachte sich schlapp, als er das Bild sah, das der kleine Willibert im Religionsunterricht gemalt hatte. Unser Kaplan hatte uns zur Aufgabe gegeben, zu malen, wie Jesus mit seinen Jüngern in Betanien sitzt, um dann in den Himmel aufgenommen zu werden. Ich hatte die Jünger gemalt, und der Kaplan fragte: „Ja, aber wo ist denn Jesus?" Worauf ich auf den oberen Rand meines Bildes zeigte, wo zwei Füße ins Bild hineinragten und wo jemand offensichtlich wie eine Rakete in den Himmel schoss, sodass man nur noch seine Füße sieht.

In der Tat, weil das Fest nun mal Christi Himmelfahrt heißt, haben die meisten Menschen die Vorstellung, dass Jesus tatsächlich wie eine Rakete in den Himmel aufgestiegen ist. So fragte mich mein Freund Jürgen Becker einmal: „Willibert, glaubst du wirklich, dass vor zweitausend Jahren Jesus vor den Augen seiner Jünger in den Himmel aufgefahren ist?"

Und ich: „Selbstverständlich, lieber Jürgen. Du weißt doch, ich bin bis in die Knochen katholisch. Und selbstverständlich glaube ich an die Aufnahme Jesu in den Himmel vor den Augen seiner Jünger und deshalb feier ich das Fest Christi Himmelfahrt."

Jürgen dachte: Jetzt hab ich ihn. Und er sagte zu mir: „Willibert, nehmen wir mal an, Jesus wäre vor 2000 Jahren tatsächlich gestartet, und zwar mit nahezu Lichtgeschwindigkeit. Dann hätte er jetzt noch hundert-zwei-und-neunzig-tausend Jahre vor sich, um überhaupt unsere Milchstraße zu verlassen. Dat is doch jar nich möchlich!"

„Jürgen", antwortete ich ihm, „obwohl das Fest so heißt, Himmelfahrt, steht in der Bibel nicht ‚aufgefahren‘, sondern ‚aufgenommen‘ oder ‚emporgehoben in den Himmel‘."

„Aha", sagte Jürgen. „Und was soll ich mir darunter vorstellen?"

Dann antwortete ich wie immer bei diesem Thema mit einer meiner Theater-Lieblingsszenen, die Johann Wolfgang von Goethe geschrieben hat in seinem Drama *Torquato Tasso*.

Dieser beobachtet nämlich eine Seidenraupe. Damals hieß sie noch Seidenwurm, und Torquato Tasso denkt: So absurd ist unser Leben. Dieser kleine Seidenwurm macht sein ganzes Leben nichts anderes, als seinen eigenen Sarg, den Kokon zu bauen, um darin zu verenden.

Viele sehen im Leben letztendlich nichts anderes als eine Gefangenschaft in dieser Absurdität. Zum Beispiel der österreichische Atheist Thomas Bernhard. Er sagte: „Das Leben ist nichts anderes als die Einleitung des Todes und angesichts dieses Todes hat letztlich alles keinen Sinn." So wie alle Atheisten war er davon überzeugt, dass alles Leben im absoluten Nichts verschwindet.

Torquato Tasso aber fiel plötzlich etwas auf: Der Wurm verendet zwar in seinem Kokon, aber nicht, um ins Nichts zu fallen, sondern um sich zu verwandeln und um in die nächste Phase seiner Existenz als Schmetterling zu fliegen.

Und da schreibt Goethe jenen Satz, der einmal auf meinem Grabstein stehen soll:

> *„O geb ein guter Gott uns auch dereinst*
> *Das Schicksal des beneidenswerten Wurms,*
> *Im neuen Sonnental die Flügel rasch*
> *Und freudig zu entfalten."*

Was für ein Bild! Und das glaube ich eben auch. Wenn wir sterben, landen wir nicht in der Verrottung auf dem kosmischen Abfallhaufen der Materie.

Sondern werden verwandelt und entfalten uns in einem neuen Sonnental. Was eben mit Jesus an und nach Ostern geschah: aufgenommen bei Gott. Und wovon sein Geist uns an Pfingsten für immer Kunde gibt.

Denn im Garten des Lebens kommen die Würmer alle nach oben und erheben sich auf wunderbaren Flügeln ins ewige Licht.

22. Kalenderwoche: Marcel Reich-Ranicki

Was bringt diese Woche?
 Den Geburtstag von Marcel Reich-Ranicki.
Er wurde am 2. Juni 1920 in Włocławek in Polen geboren und starb am 18. September 2013 in Frankfurt am Main.

Alle deutschsprachigen Kabarettisten sind froh, dass es ihn gab. Warum? Weil er so leicht zu imitieren ist. Auch ich gebe zu: Ich kann dieser Versuchung nicht widerstehen. Und ob ich jetzt ein zweit- oder nur drittklassiger Kabarettist bin – das können Sie besser einschätzen als ich –, ich muss ihn einfach imitieren. Im Radio habe ich das bei der Sendung dieser Botschaft auch gemacht. Ich bin sicher, Sie haben jetzt lesend seine Stimme noch im Ohr, seinen Tonfall, seine Aussprache, sein sehr markantes Sprechen.

Ich imitiere ihn immer wieder und komme oft auf ihn zurück, nicht um der Performance willen und auch nicht einfach wegen der Persönlichkeit von Marcel Reich-Ranicki. Sondern weil ich mehrere Interviews mit ihm im Fernsehen gesehen habe, die mich zutiefst berührt haben. Einmal hat ihm ein Fernsehjournalist die Gretchenfrage gestellt: „Herr Reich-Ranicki, wie halten Sie es mit der Religion?" Seine Antwort lautete etwa so, wenn ich mich recht erinnere, jedenfalls war das ihr Sinn – und nun stellen Sie sich bitte seine Stimme und sein typisches Sprechen vor:

„Ganz und gar nicht, mein Lieber. Ich muss leider gestehen, dass ich überhaupt nicht gläubig und religiös bin. Schauen Sie, meine Mutter war ja die Tochter eines jüdischen Rabbiners, und schon sie hörte auf, gläubig zu sein. Allerdings war das die sanfte Rebellion gegen ihren Vater. Und auch ich muss leider sagen, ich kann nicht gläubig sein. Schauen Sie, ich will es erklären mit der Musik. Es gibt die unglaublich berührende Schlussphase aus Puccinis Oper La Bohème. Dort stirbt Mimi. Und ihr Geliebter schreit ins Auditorium hinaus: Mimi, Mimi! Und dann, mein Lieber, macht die Musik Folgendes: Sie bricht vollkommen ab. Und dieses Vakuum des Nichts ist für mich jedes Mal erschütternder als die grandiose Musik vorher von Puccini. Erschütternd deshalb, weil ich einfach nicht glauben kann, dass nach dem Tod es noch etwas geben kann, was uns tröstet."

Und weiter sagt er ungefähr das:

„In der Musik gibt es auch das Gegenteil von dieser Puccini-Oper. Das ist die Musik von Johann Sebastian Bach. Aber wem sage ich das? Immer, wenn Bach in seiner Musik zu einem tragischen Schlussakkord kommt, vor allen Dingen natürlich in seiner Passionsmusik, dann geht es noch weiter. Nach dem traurigen Abbruch der Musik kommt eine unglaublich tröstende, harmonische, ja göttliche Musik, ein Raum der Schönheit und so weiter. Und wissen Sie, mein Lieber: Wie sehr wünschte ich, Bach hätte recht."

Bevor Marcel Reich-Ranicki im hohen Greisenalter gestorben ist, durfte ihn in den letzten Monaten nur noch einer seiner besten Freunde, der Vorsitzende der Jüdischen Gemeinde in Frankfurt Salomon Korn, besuchen. Und der erzählte in seiner Trauerrede für den Freund am 30. September 2013: „Als ich mich kurz vor seinem Tod an seinem Krankenbett, in dem er unruhig atmend im Dämmerzustand lag, von ihm verabschiedete, öffnete er unverhofft noch einmal die Augen, sah mich an und – er, der nicht an Gott glaubte – hauchte hörbar ‚Adieu'."

Wir alle wissen, dass Adieu nichts anderes heißt als „Zu Gott". Ich möchte nun natürlich nicht im Nachhinein Reich-Ranicki zu einem frommen Menschen umdeuten, das darf ich auch nicht. Nein, aber ich bin überzeugt davon, dass gerade er nicht eine primitive Abschiedsfloskel ohne größeren Sinn gemeint hat, sondern zumindest die tiefe Hoffnung damit zum Ausdruck brachte: dass Bach doch recht haben möge.

Denn im Garten des Lebens ist diese österliche Hoffnung der lang anhaltende Schlussakkord.

Adieu, mon ami Marcel Reich-Ranicki.

23. Kalenderwoche:
Das Geheimnis der Eucharistie

Was bringt diese Woche? Fronleichnam. Aus diesem Anlass und um dieses Wort über den Glauben für unseren Alltag nicht nur in mir, sondern betend in Gottes Gegenwart zu finden, bin ich in die Sakramentskapelle des Kölner Doms gegangen. Von dort ein Wort zum Hochfest der Eucharistie. Das ist mir besonders wichtig. Denn es geht um etwas sehr besonders Wichtiges.

Eine wahre Geschichte:

Der Absatz seines linken Schuhs war der einzig sichere Platz, den der vietnamesische Christ Josef gefunden hatte, um die geweihte Hostie zu verstecken. Ein Priester hatte sie ihm ins Gefängnis geschmuggelt. Tag für Tag wurde die Zelle durch die kommunistischen Wächter durchsucht, sogar die Bodenplanken wurden hochgehoben, um zu sehen, ob darunter ein Versteck für verbotene Dinge war. Und verboten war sehr viel. So war Josef die Idee gekommen, den Schuhabsatz als Tabernakel zu nutzen.

Nachts, wenn die Dunkelheit niedersank und wenn endlich die Schreie der Gefolterten verstummt waren, holte Josef die Hostie aus dem wohl seltsamsten Tabernakel der Welt hervor und versank vor ihr in Gebet und Meditation. „Niemals", so erzählte er später, „niemals war ich freier als in dieser nächtlichen Anbetung. Die Wände meiner Zelle weiteten sich und schufen mir einen himmlischen Raum."

Ich glaube, diese Geschichte verdeutlicht besser als jede theologische Vorlesung, worum es in den oft etwas verbitterten, weil mit Engagement und Herzblut geführten Diskussionen um den Zugang zur Eucharistie geht. Warum sagt der Kardinal von Köln – und mit ihm andere Bischöfe und viele Christinnen und Christen – nicht einfach: „Wer kommen will, soll kommen zum Tisch des Herrn und den Leib Christi empfangen"? Für seine zurückhaltende, auch eher strenge Haltung hat er schon viel Prügel bezogen.

Ich kann diese Haltung verstehen in der Furcht vor einer möglichen Banalisierung des Heiligen. Auf der anderen Seite bin ich ein glühender

Verfechter, den Zugang zum Heiligen nicht nur einem exklusiven Club besonders Frommer zu gestatten.

Es geht um den Glutkern der katholischen Liturgie und der ganzen katholischen Kirche. Papst Benedikt XVI. hat es unvergleichlich schön gesagt: „Die Liturgie muss das Geheimnis zum Leuchten bringen."

Um authentisch katholisch zu bleiben, wehre auch ich mich gegen eine Reduzierung des eucharistischen Mahles zu einer reinen Mahlgemeinschaft. Das unergründliche Geheimnis der göttlichen Gegenwart soll neu entdeckt werden. Die Skepsis gegenüber der Liberalisierung ist dann begründet, wenn es in erhitzten Debatten schon einmal heißt: „Es geht doch nur um eine Oblate!"

Es geht um das Wunder aller Wunder. Das, was Religion im Innersten ausmacht, das Transzendentale, das Göttliche, begibt sich in die irdische Wirklichkeit: damals beim göttlichen Kind in Bethlehem und so auch heute in der mit Jesu Worten im Heiligen Geist geweihten Eucharistie.

Dieses unbegreifliche Geheimnis wird heute nicht mehr verstanden. Nun kann man es sowieso nie verstehen wie das kleine Einmaleins. Man kann das Geheimnis als gläubiger Mensch respektieren, annehmen, sich ihm nähern, sich von ihm ergreifen lassen.

Es scheint heute auch für viele Christen „weltfremd" zu sein, nicht nachvollziehbar. Und daran sind wir in der katholischen Kirche doch selber schuld. Wenn wir ehrlich sind, müssen wir das eingestehen.

Als Bühnenmensch weiß ich, wie wichtig die Form ist. Wenn aber der Empfang der Eucharistie in den Gottesdiensten so gestaltet wird, dass jede und jeder in einer langen Schlange anstehen muss, als würde man sich bei McDonald's eine Frittentüte holen, dann braucht man sich über das Verdunkeln des Geheimnisvollen nicht zu wundern.

Deshalb mein Appell: Werdet in der Liturgie kreativ! Nicht durch Verflachungen. Sondern findet wieder Formen, die hinführen zum Mysterium. Nicht strengere Zugangsregeln bewahren das Geheimnis, sondern Haltungen und deren echter Ausdruck in den äußeren Formen (die ja dann nicht nur äußerlich sind). Die das Geheimnis zum Leuchten bringen. Die aus ganzem Herzen beten lassen: Herr, ich bin nicht würdig, dass du eingehst unter mein Dach. Aber sprich nur ein Wort – und ich kann zu dir kommen und meine Seele wird gesund.

Wenn ich als Diakon neben dem Priester stehe und er die Wandlungsworte spricht, bete ich in meinem Herzen – und ich wage es hiermit, es laut werden zu lassen: „Unbegreiflicher Gott. Aus ganzem Herzen und ganzer Seele will ich glauben, dass du auf geheimnisvolle Weise hier zugegen bist …"

Denn im Garten des Lebens ist die Liebe Gottes zu seinen Geschöpfen die beste Nahrung!

24. Kalenderwoche: Aufrecht stehen

Was bringt diese Woche?

Einfach mal einen wunderbaren Satz aus der Bibel! Der trägt mindestens durch eine Woche. Der trägt eigentlich sogar die ganze Menschheitsgeschichte.

Der Satz ist aus dem Buch des Propheten Ezechiel im Alten Testament und dokumentiert einen Quantensprung in der Religionsgeschichte. Er lautet:

> *„So spricht Gott der Herr:*
> *Menschensohn, stell dich auf deine Füße!" (Ez 2,1)*

Warum soll dieser Satz so überaus wichtig sein? Nun, um das zu verstehen, müssen wir in die Entstehungsgeschichte der Religionen schauen.

Es gibt auch einen wunderbaren Satz von Manuel Herder: „In dem Augenblick, als zum ersten Mal ein Affe seine Augen zum Himmel erhob und Gott dafür dankte, ein Affe zu sein, da war's ein Mensch." Will sagen: Von dem ersten Augenblick des Bewusstseins in der Evolution der Menschheit hatten eben diese Menschen schon eine Ahnung davon, dass es ein unergründliches Geheimnis geben muss, das diese Welt umfängt. Sie gaben diesem Geheimnis den Namen Götter, später dann, wesentlich im Judentum, Gott.

Zunächst einmal war diese Erkenntnis und auch Ahnung verbunden mit einer abgrundtiefen Angst: Die unheimlichen Götter müssen besänftigt werden durch kostbare Opfer bis hin zu Menschenopfern, um nicht ihren fürchterlichen und vernichtenden Zorn hervorzurufen. Und ständig gab es Anzeichen für ein zorniges oder sogar böswilliges Eingreifen der Götter in die bedrohten Leben der Menschen. Vieles, was in der Natur geschah, war in seiner Kausalität noch nicht erkenn- und verstehbar. So fand es der Mensch nur angebracht, sich vor den Göttern zu demütigen wie ein Wurm, der sich im Staub windet.

Später erst kam die Erkenntnis, dass das innerste Wesen des Göttlichen eben nicht eine Angst verbreitende tyrannische Macht der Götter ausmacht, sondern dass das innerste Wesen des göttlichen Geheimnisses die Liebe ist. Und wenn die Liebe das Innerste des Göttlichen ist, dann dürfen wir selber aufstehen und dem Göttlichen in Augenhöhe begegnen: Der Mensch steht aufrecht vor Gott.

Ist es von dieser Erkenntnis her gesehen dann nicht falsch, wenn zum Beispiel in der katholischen Kirche die Menschen sich in der Liturgie immer wieder hinknien und es auch sollen? Wenn der Katholik und die Katholikin vor dem Tabernakel eine Kniebeuge macht? Ist das Knien und Beugen nicht ein Widerspruch zu dieser auch sehr biblischen Urerkenntnis des Menschen vor Gott, die ja selbst in der katholischen Liturgie klar ausgesprochen wird: „Wir danken dir, dass du uns berufen hast, vor dir zu stehen und dir zu dienen"? Ist Knien nicht eine vollkommen falsche Aussage in Beziehung zur Würde des Menschen?

Natürlich nicht. Das Knien ist wie das Stehen vor Gott eine ebenso starke und menschliche Symbolhaltung, wenn es aus Freiwilligkeit kommt und wenn dieses „auf die Knie", das demütige Sich-klein-Machen nicht bedeutet: „Ich habe Angst. Du, Gott, kannst mich austreten im Erdenstaub wie einen wertlosen Wurm – und ich traue dir das auch zu." Nein, wenn ich knie, dann nie aus Angst. Sondern weil ich anerkenne, dass es etwas Größeres gibt als ich und wir. Und dieses Größere ist eben nicht die Angst, sondern die Liebe.

Seit der Black-Live-Matter-Bewegung ist es bei einigen Profifußballern vor dem Anstoß ein Ritual geworden, sich auf das Spielfeld zu knien, um damit symbolisch zu sagen: Es gibt etwas, das größer ist als dieses Spiel. Und das ist die Würde eines jeden einzelnen Menschen. Nicht Hautfarbe, Religion, Geschlecht, Nationalität, Herkunft, Reichtum, Bildung, was auch immer, kann die Würde eines Menschen beeinträchtigen, umgekehrt auch nicht gegenüber anderen Menschen höher stellen. Würde ist das „profane" Wort für die Liebe, mit der Gott jeden Menschen annimmt und ihn aufrecht vor sich treten lässt. Selbst wenn er kniet.

Das Größte ist die Liebe.

Übrigens: Wenn die Queen einen Adelstitel verlieh, kniete sich der oder die Betreffende vor die Queen. Dann nahm die Königin ein scharfes Schwert, tippte damit einmal auf die eine Schulter des oder der Geehrten, dann über den Kopf auf die andere Schulter. Als der Schauspieler Peter Ustinov zum Sir „geschlagen" wurde, fragte man ihn anschließend, ob er nicht nervös gewesen sei. „Ach nein", antwortete er, „nervös eigentlich nicht. Ich hatte nur eine Befürchtung: Hoffentlich nimmt Her Majesty mit dem Schwert von Schulter zu Schulter nicht den kürzesten Weg!"

Im Garten des Lebens empfangen wir kniend den höchsten Adelstitel von Gott, der sagt: Menschensohn, Menschentochter, stelle dich auf die Füße!

25. Kalenderwoche: Abschied von einem Freund

Was bringt diese Woche?
Den Abschied von einem Freund und eine tiefe Einsicht.

Ich hatte einen Freund. Sieben Jahre hat er bei uns gewohnt. Wir trafen ihn in einem Heim und nahmen ihn mit nach Hause. Gute, tiefbraune Augen hatte er und ein glänzendes schwarzes Fell. Unser Labrador Felix war als Hund eine Katastrophe, aber als Mensch wie ich.

Am Anfang dieser Woche ist Felix gestorben. Und es war doch auch schon eine Gnade, das erleben zu dürfen, was uns der Tierarzt über den altersschwachen Hund ankündigte: Er wird selbst signalisieren, wenn es so weit ist.

Und tatsächlich, er hörte auf zu fressen, legte sich in sein Körbchen, um nicht mehr aufzustehen, und die ganze Familie war dabei, als er in die ewigen Jagdgründe hinüberging. Wir haben ihn begraben in unserem großen Garten unter einem Baum und er bekommt auch ein Grabkreuz.

Jetzt höre ich schon die Aufschreie: Das doch nicht, Herr Diakon! Ein christliches Grabkreuz für einen Hund! Das geht doch nicht! Das ist Frevel!

Warum soll das nicht gehen? Bis vor wenigen Jahrzehnten, als es noch kein Tabu war, fromm zu sein, hing am Eingang des Frankfurter Zoos ein Schild mit folgender Aufschrift:

> *„Gott ruht in den Steinen,*
> *schläft in den Pflanzen,*
> *träumt in den Tieren.*
> *Und erwacht im Menschen."*

Ja, ich glaube, das ist wahr. Der Geist Gottes weht durch das ganze Universum und er kommt uns in allem entgegen. Auch und besonders in den Tieren.

Dazu die wunderbare Geschichte über Mohammed, wie sie Hans Conrad Zander nacherzählt hat:

> *„Mohammed der Prophet saß eines Morgens da, so versunken ins Gebet, dass er nicht merkte, wie seine Katze herzukam und sich neben ihm auf seine Djellaba legte, auf den weiten Ärmel seines arabischen Mantels. Doch dann klopfte ein Diener. Mit der Nachricht, ein Geschäftsfreund sei unerwartet gekommen, warte draußen und wünsche ihn dringend zu sprechen, schreckte er den Propheten aus der Versenkung. Mohammed wollte aufstehen. In diesem Augenblick sah er die Katze.*
>
> *Auch die Katze öffnete ihre Augen. Aber nur einen Spalt breit. Dann schloss sie die Augen wieder. Nein, die Katze war nicht bereit, sich durch Mohammeds unwichtige Geschäfte stören zu lassen in ihrer viel wichtigeren Meditation. Einen Augenblick überlegte der Prophet. Dann rief er den Diener zurück und bat lächelnd um eine Schere. Vorsichtig schnitt er den Ärmel seines Mantels rund um die Katze ab. Dann stand er auf und ging zu seinen Geschäften. Die Katze schien es nicht zu bemerken. Ungestört meditierte sie fort."*[16]

Es gibt bei uns im Umgang mit Tieren viel sentimentale Anbiederung. Mohammeds Geste ist das Gegenteil: Höflichkeit, ja unbedingter Respekt. Wahrlich, wahrlich, ich sage euch, ihr werdet nicht eingehen ins Himmelreich, wenn ihr nicht lernt, mit Tieren so umzugehen wie Mohammed der Prophet."

Dazu noch ein Satz frei nach Mahatma Gandhi: „Den moralischen Fortschritt einer Nation erkennt man daran, wie gut sie mit den Tieren umgeht."

Denn im Garten des Lebens haben alle Lebewesen ihren Platz an der Sonne.

Gute Reise, Felix!

26. Kalenderwoche: Roms Heilige Pforten

Was bringt diese Woche?
Einen Besuch an dem Ort, an dem mein Herz schlägt. Und ein Fest dazu.

Ich stehe in Rom am Grab des Heiligen Petrus. Endlich mal wieder in der Ewigen Stadt! Und wie immer bei einem Besuch in ihr sind mein Herz und meine Seele erfüllt von der Schönheit und von der Dramatik Roms. Ein Wort aus dieser Stadt für einen Impuls von fünf Minuten im Domradio, zwei, höchstens drei Seiten im Buch? Man könnte von hier 24 Stunden senden und hätte immer noch viel Stoff für viele Tage, man könnte ein Buch schreiben und könnte immer noch eine Bibliothek füllen mit Geschichten, Ansichten und Momenten aus der „Ewigen Stadt".

Deshalb muss ich mich beschränken, nur ein Thema aus Tausenden auswählen, davon nur kurz erzählen. Ich wähle: die Heiligen Pforten.

Davon gibt es vier in dieser Stadt in den vier großen Papstkirchen: St. Peter, St. Johannes im Lateran, Santa Maria Maggiore und St. Paul vor den Mauern. In drei der großen Fassaden dieser Kirchen sind die Heiligen Pforten auf der männlichen Seite. „Männlich" deshalb, weil früher die Männer in allen Kirchen rechts, die Frauen links saßen. Das hängt mit Mars und Venus zusammen: Mars, der Krieger, greift mit der rechten Hand das Schwert, um zu kämpfen. Venus, die Göttin der Schönheit, trägt in der linken Hand den Spiegel, um sich mit der rechten schön zu machen. So steht für das Weibliche auch als Symbol ein Kreis mit einem kleinen Kreuz darunter: ein Spiegel mit einem Griff daran. Und das männliche Symbol ist der Schild des Mars, hinter dem der Speer herausragt.

In welcher Kirche also ist die Heilige Pforte auf der „weiblichen" Seite, da, wo das Herz ist? Natürlich in Santa Maria Maggiore, bei der Mutter. Das kann ich gut verstehen.

Warum eigentlich gibt es diese Heiligen Pforten, eine von den fünf Toren, die von der Hauptfront dieser Kirchen ins Innere führen?

Diese Tore werden ja nur in einem Heiligen Jahr geöffnet. Das erste dieser Jubiläumsjahre mit ihrem Zentrum in Rom fand im Jahr 1300 statt. Seine Einführung hat zu tun mit dem endgültigen Verlust Jerusalems für den christlichen Herrschaftsbereich nach den gescheiterten Kreuzzügen. Denn eigentlich galt bis dahin Jerusalem als heilige Stadt, Ort des Todes und der Auferstehung Jesu Christi, und war damit das Hauptziel der christlichen Pilger. Die Kreuzzüge sollten den Weg dahin und den Aufenthalt dort für die Christen sicher machen, und es war im Denken der Zeit auch nur schwer hinnehmbar, dass der zentrale Ort des christlichen Glaubens im Herrschaftsgebiet einer anderen Religion lag.

Nach dem letzten Kreuzzug im 13. Jahrhundert war der Pilgerweg nach Jerusalem und auch die Stadt für die Christen, so dachte man, endgültig versperrt. So rief Papst Bonifatius VIII. nach Rom: Kommt in diese ewige Stadt, erlangt die Gnade des Erlösers, die Vergebung eurer Sünden und Sündenstrafen. Damals lebten 30.000 Menschen in Rom, die Zahl der Pilger war ein Vielfaches. Ein Heiliges Jahr sollte nun alle 100 Jahre stattfinden, aber schon 1350 feierte die Kirche das nächste, ab 1475 alle 25 Jahre, und so ist das nächste 2025. Dazu gibt es außerordentliche Heilige Jahre, das letzte war vom Fest der Unbefleckten Empfängnis 2015 bis zum Fest Christkönig 2016, das von Papst Franziskus ausgerufene Jahr der Barmherzigkeit. In dem Jahr ließ Papst Franziskus auf dem Areal in den Kolonnaden des Petersplatzes eine Sozialstation für Obdachlose einrichten – ein Heiliges Jahr darf nicht nur symbolisch bleiben.

Schon im achten Heiligen Jahr, im Jahr 1500, hat der Papst es am Heiligen Abend 1499 eröffnet mit dem Ritus der Öffnung der „Heiligen Pforte" am Petersdom, und so ist das noch heute. Durch sie ziehen die Pilger in die großen Kirchen ein. Es ist ein schöner Brauch. Natürlich stehen auch die anderen Türen offen, um die Kirchen zu betreten. Aber normalerweise werden ja nicht fünf große Türen gebraucht, um den Ansturm zu bewältigen. Ihre Existenz verdanken sie mehr architektonischen Gründen. In einem Heiligen Jahr sind die Pilgerzahlen und Kirchenbesucher dann aber doch sehr groß – und der Gang durch eine Heilige Pforte hat dann auch symbolischen Charakter.

So ist für mich die Heilige Pforte nicht so sehr die aus Stein. Die Heilige Pforte, durch die ich jeden Tag gehe, ist die meines Glaubens. Durch sie geht der Mensch mit seiner Seele. Durch sie geht der Mensch mit seiner Sehnsucht nach dem Ort, an dem die Liebe sich vollendet. Gott ist die Heilige Pforte, durch die wir alle gehen können an diesen Ort, die Pforte der Liebe.

Ich bin heute durch eine Pforte aus Stein gegangen und stehe am Grab des heiligen Petrus, dessen Fest die Kirche am 29. Juni feiert. Ich habe gebetet:

Heiliger Petrus, du wankelmütiger, schwacher Mensch – so wie wir alle sind; du Sünder – so wie wir alle sind. Heiliger Petrus, bitte für uns arme Sünder. Amen.

Denn in den ewigen Garten des Lebens kommen wir durch eine Heilige Pforte – und dürfen für immer bleiben. Bis dahin betet der heilige Petrus für uns.

Arrivederci, Roma!

Der Weg durch den Garten des Lebens: Der Herr ist mein Hirte

Mein Lieblingspsalm:

„Der HERR ist mein Hirt,
nichts wird mir fehlen.
Er lässt mich lagern auf grünen Auen
und führt mich zum Ruheplatz am Wasser.
Meine Lebenskraft bringt er zurück.
Er führt mich auf Pfaden der Gerechtigkeit,
getreu seinem Namen.
Auch wenn ich gehe im finsteren Tal,
ich fürchte kein Unheil;
denn du bist bei mir,
dein Stock und dein Stab,
sie trösten mich.
Du deckst mir den Tisch
vor den Augen meiner Feinde.
Du hast mein Haupt mit Öl gesalbt,
übervoll ist mein Becher.
Ja, Güte und Huld werden mir folgen mein Leben lang
und heimkehren werde ich ins Haus des HERRN für lange
Zeiten."

(Psalm 23)

27. Kalenderwoche: Fußball

Was bringt diese Woche?

Vielleicht ein internationales Fußball- oder ein anderes Sportturnier. Es ist ja Sommer: die richtige Zeit dafür. Wenn nicht wie 2022 die WM in Katar stattfindet, im November beginnt und das Endspiel bei vier brennenden Adventskerzen läuft. Leise rieselt das Geld in die FIFA-Kasse.

Im Jahre 1978, da war die Fußball-WM im Sommer in Argentinien, und ein gewisser Joseph Ratzinger wurde gefragt nach seiner Einstellung zum Fußball. Der sei aus seiner Sicht, meinte der Reporter, doch sicher nur eine nebensächliche Unterhaltung.

Daraufhin antwortete der gerade ernannte Kardinal von München: „Nein, nein. Fußball ist viel mehr als schlichte Unterhaltung." Und er sagte weiter: „Er ist das Heraustreten aus dem versklavten Ernst des Alltags und seiner Lebensbesorgnis in den freien Ernst dessen, was nicht sein muss. Und gerade darum schön ist."

Da muss man erst mal drauf kommen. Die Anthropologen sagen: Nichts ist so sehr in unser evolutionäres Muster eingewoben wie die Sehnsucht nach unserer Herde. Leider entstehen damit auch Kriege, denn das Herdengefühl ist niemals stärker, als wenn es gegen eine andere Herde geht. Wir alle sollten von diesem Urmuster in uns wissen, es ist da, es wirkt, und es überwältigt manche in Jugendhorden und Rockerclubs, manche in religiösen fundamentalistischen Extremen, manche in der Politik. Und da äußert sich dieses Muster nationalistisch, antisemitisch, querdenkerisch, rassistisch oder wie auch immer – am Ende steht Gewalt.

Deshalb ist es sehr klug, diese archaische Gewalt in uns umzuleiten auf das Gebiet des Sports. Dort dürfen wir unsere Gelüste ausleben, da darf die Ehre, der Stärkere zu sein oder der Geschicktere oder der Sieger im Wettkampf, ausgefochten und als Trieb abreagiert werden. Und es macht Spaß, die Möglichkeiten des eigenen Körpers zu entdecken, sich im Spiel zu messen, zu einer sportlichen Herde, vulgo Mannschaft, zu gehören oder sie anzufeuern.

Wir müssen allerdings aufpassen, dass aus Patriotismus im Sport nicht Nationalismus wird, aus Fans nicht Hooligans werden.

Klar sage ich: Über allem Siegeswillen und sportlichem Ehrgeiz muss aus christlicher Sicht die Liebe stehen.

So verkitscht sich das auch liest, so ernst ist es. Und das hat niemand so schön gesagt wie eben damals jener Kardinal Joseph Ratzinger. Er sagte über das tiefste und wichtigste Gefühl in uns, nämlich die religiöse Einsicht: „Alle Menschen wollen, dass etwas bleibt. Aber was bleibt? Nicht die Gebäude, nicht das Geld, ebenso wenig die Bücher. Das Einzige, was bleibt, ist die menschliche Seele. Und deshalb bleibt von uns das, was wir in die Seelen der Menschen hineingelegt haben: die Erkenntnis, die Liebe, das Wort, das die Seele berührt und öffnet zur Freude."

Wie wunderbar! Und das, man kann es nicht häufig genug sagen, ist das einzig Wichtige in gesunder Religiosität. Im anderen nicht den Feind zu hassen, sondern den Bruder und die Schwester zu lieben.

Trotzdem werde ich bei der nächsten Fußball-WM die jeweiligen Schutzpatrone und -patroninnen der Länder ins Gebet nehmen, gegen deren Mannschaft unsere deutsche spielt. Sagen wir mal Portugal: Liebe Muttergottes von Fatima, Schutzpatronin von Portugal, kannste nicht mal mit dem Schutzpatron von Deutschland sprechen, dem heiligen Erzengel Michael? Dass er heute mal einen Schritt schneller am Ball ist, wenn wir gegen Portugal spielen, und du lässt den Cristiano Ronaldo und die anderen von deiner Mannschaft mal ein bisschen vorsichtiger laufen, damit sie sich nicht verletzen …

Kommen wir noch mal kurz auf die Religion zurück. Jürgen Klopp, unser Jürgen Klopp, hat gesagt: „Ich bin Christ; das heißt, wir sehen uns wieder."

Wunderbar! Ich seh den Jürgen Klopp da oben wieder. Meinetwegen auch den Ronaldo.

Denn im ewigen Garten des Lebens läuft das allerschönste Spiel. Olé, olé, olé, olé!

28. Kalenderwoche: Bergwanderung

Was bringt diese Woche?

Für mich eine Bergwanderung in Seefeld, Tirol, Österreich. Kommen Sie mit?!

Hm, werden da manche sagen, ist der Willibert nicht ein wenig zu alt für eine Bergwanderung?

Frechheit!

Aber genau zu diesem Thema fand ich in einem wunderschönen Kalender der Benediktinerabtei Königsmünster folgenden Text von Immanuel Jakob mit dem Titel *Älterwerden*:

> *„Das Leben ist eine Wanderung.*
> *Man hat das Gefühl, dass es mal bergauf und mal bergab ginge,*
> *aber letztlich geht es immer hinauf zu dem, der uns erwartet.*
> *Voller Elan beginnt man den Aufstieg. Und je länger man unterwegs ist, umso mehr schwinden die Kräfte.*
> *Das Älterwerden macht demütig.*
> *Aber je höher man hinaufkommt, umso schöner wird die Aussicht, umso klarer die Sicht.*
> *Am Gipfelkreuz angelangt, erfüllt uns tiefe Freude.*
> *Ein anderer hat für uns das Kreuz getragen.*
> *Und wir schauen das Licht."*

Und wir schauen die Schönheit. Ich hoffe, dass ich doch noch nicht am Gipfel angelangt bin; aber dennoch scheint mir dieser Text eine gute Zusammenfassung eines gläubigen Lebens zu sein.

Romano Guardini hat wunderbar gesagt: „Das ist aller Gastfreundschaft tiefster Sinn, dass der eine dem anderen Herberge gibt auf dem langen Weg nach Hause."

Und so scheinen mir alle Pilgerfahrten und auch der Drang des Menschen nach Wanderung und nach Reisen ein Abbild dieser Ursehnsucht zu sein: dass wir unterwegs sind – aber nicht ins Nichts. Sondern: unterwegs sind nach Hause.

Denn im Garten des Lebens ist dieser Glaube der beste Wegweiser zum Gipfelkreuz.

> *„Wir sind nur Gast auf Erden*
> *und wandern ohne Ruh*
> *mit mancherlei Beschwerden*
> *der ewigen Heimat zu."* [17]

Kommen Sie gut an!

29. Kalenderwoche: Heilige Maria Magdalena

Was bringt diese Woche?

Das Fest der Heiligen Maria Magdalena am 22. Juli.

Es war 1971, da schrieben Andrew Lloyd Webber die Musik und Tim Rice die Texte zum Musical *Jesus Christ Superstar*. Die Songs dieser Rockoper eroberten binnen kürzester Zeit sämtliche Charts. Kein Wunder also, dass viele katholische Jugendliche in ihren Heimatgemeinden zumindest Teile dieses Musicals aufführen wollten. Doch aus Köln kam ein strenges Nein. Der gute Kardinal Joseph Höffner, Gott habe ihn selig, verbot strikt die Aufführung der Rockoper in irgendwelchen kirchlichen Räumen.

Was aber, so fragen wir uns heute, wurde denn von ihm und vielen anderen als so skandalös empfunden? War es vielleicht die Darstellung der heiligen Schar der Apostel? Weil diese, ziemlich unbedarft und vor allem an sich denkend, mit einem fröhlichen Liedchen auf den Lippen durch die Lande zogen? Nein, das war nicht der Skandal. War es vielleicht die Begegnung von Jesus mit Pontius Pilatus, wie sie in der Rockoper dargestellt wurde? Pontius Pilatus liegt da dekadent an seinem Swimmingpool und sagt zu Jesus: *"Oh, my Jesus, be so cool and take a walk over my pool."* Nein, das war auch nicht der Skandal.

Der Skandal war ein Liebeslied von Maria Magdalena, gerichtet an Jesus. *"I don't know how to love him"*, singt sie zärtlich, „ich weiß nicht, wie ich ihn lieben soll." Ich denke mal, so ein überwältigendes Gefühl ereilt viele Mädchen und junge Frauen, ebenso Jungs und junge Männer, wenn die große Liebe sie so richtig voll trifft – mit „Wumms". Plötzlich sind sie anders, jemand anders, das haben sie nicht gekannt in sich, was da mit und in ihnen geschieht, und es ist wunderschön und zugleich zum Fürchten. So ergeht es Maria Magdalena auch. Sie registriert ganz klar: Sie ist verliebt. Von der Liebe getroffen wie nie zuvor. Gleichzeitig ist sie ganz verwirrt: Was passiert da gerade mit mir? „Der ist doch auch nur ein Mann", geht ihr durch den Kopf, und mit Männern hat sie ja eine Menge Erfahrungen. Der da, der Jesus, ist eben einer mehr. Aber das Herz flüstert ihr zu: Es ist Liebe. Und drängt sie dazu, der Liebe zu folgen. Was ist los mit ihr?

Einerseits sehnt sie sich nach ihm wie noch nie nach einem Menschen. Andererseits hat sie Angst, er kommt ihr wirklich nahe. Das ergäbe ein verändertes, völliges unabsehbares, ein umgekrempeltes Leben – nichts nebenbei, sondern eine einzige Hingabe. Einerseits will sie ihn vergessen. Andererseits – und das ist dann bei allem Sträuben doch viel stärker – soll er ihr genau das sagen und mitteilen, was sie selbst fühlt und was sie ersehnt wie nichts sonst: Ich liebe dich!

Eigentlich wunderbar!

Jedoch: „Er ist doch nur ein Mann mehr ..." Und: „Ich will ihn. Ich liebe ihn so sehr." Das ist der Skandal! Denn man könnte bei dieser Lyrik auf die Idee kommen, nicht nur die Frau habe für diesen Mann etwas empfunden, schlimmer noch: Jesus selbst habe es erotisch zu Maria Magdalena hingezogen. Daran darf man gar nicht mal von fern denken, meinte der Kardinal von Köln wohl.

Von der Bühnenszene weg mal ins Evangelium geschaut: Jesus ist mit seinen Jüngern bei einem Pharisäer zum Essen eingeladen. Während sie bei Tisch sitzen, kommt eine wegen ihrer Männergeschichten stadtbekannte Frau, eine „Sünderin", herein, weinend küsst sie Jesus die Füße, trocknet sie mit ihren Haaren und salbt sie mit kostbarem Öl. Der Pharisäer – und jeder Apostel wahrscheinlich auch – denkt sich: „Wenn er wüsste, was das für eine Frau ist, würde er sich nicht mit ihr abgeben." Jesus sagt aber: „Lasst sie. Sie hat viel geliebt, und wo viel Liebe, da wird viel verziehen."[18]

Die „Sünderin" war, nach katholischer Tradition, jene Maria Magdalena, die Jesus nachfolgte auf seinem Weg, die dann unter dem Kreuz Jesu stand und ausharrte, anders als fast alle Apostel, und der am Ostermorgen im Garten *(sic!)* der auferstandene Jesus Christus zuerst erschien. Sie umarmte ihn ...

Ach, unsere alte, müde, schwerfällige Kirche!

Aber manchmal bewegt sie sich doch. Im Jahr 2016 erhob Papst Franziskus Maria Magdalena feierlich zur Apostelin! Und in unserem katholischen Gebet- und Liederbuch Gotteslob steht unter der Nummer 188 das Lied *Nimm, o Gott, die Gaben, die wir bringen* mit der Melodie von *The Last Supper* aus *Jesus Christ Superstar* von Andrew Lloyd Webber.

Der ehemalige Kardinal von Köln, Joseph Höffner, wird im Himmel längst auch eine Liebe zur Apostelin der Christen entdeckt haben und sie zulassen.

Denn im Garten des Lebens ist die Liebe der Dung, der die allerschönsten Blüten hervorbringt.

30. Kalenderwoche: Heiliger Christophorus

Was bringt diese Woche?

Es sind Sommerferien in Nordrhein Westfalen, bald sind sie schon zu Ende. Hoffentlich kommen alle Reisenden wieder unversehrt nach Hause.

Der Schutzpatron der Reisenden ist ja der heilige Christophorus, sein Namenstag ist am 25. Juli. In unzähligen Kirchen ist er dargestellt, auch im Kölner Dom; ich habe mich mal vor ihn gestellt. Noch viel mehr Autofahrer haben eine Plakette vom Christophorus in ihrem Auto, selbst wenn sie mit dem Heiligen und der Kirche überhaupt nichts am Hut haben. (Deshalb heißen alle Hubschrauber des ADAC in der Pannen- und Menschenhilfe „Christopher", also Christopher I, Christopher II …) Mein Freund Konrad Beikircher, der eines seiner Bücher so betitelt hat, genauso wie der kölsche Rheinländer an sich sind ja allesamt vorsichtige Leute: „Wer weiß, wofür et jot es!"

Weil aber viele die Legende dieses Heiligen gar nicht mehr kennen, sei sie hier erzählt.

Es lebte einmal ein Knabe, der hatte übermenschlich starke Kraft. Selbst die schwersten Lasten konnte er federleicht tragen. Und weil er das konnte, hieß er der Träger, griechisch Pheros. Er hatte sich geschworen, seine übermenschlichen Kräfte nur dem mächtigsten Mann zu schenken, und deshalb trat er in die Dienste des Dorfschmiedes, denn das war da der mächtigste. Als er eines Tages merkte, dass der Schmied demütig sein Haupt senkte, als der König durch das Dorf ritt, sagte er sich: „Aha, der König ist noch mächtiger als der Schmied." Und er trat in die Dienste des Königs. Als er aber eines Tages merkte, dass der König zitterte, als jemand den Namen des Teufels aussprach, wusste er: Der Teufel ist noch mächtiger als der König. Und er trat in die Dienste des Teufels. Als er aber eines Tages merkte, dass der Teufel erbleichte, als er an einem Kruzifix vorbeikam, wusste er: Da ist jemand, der ist noch stärker als der Teufel. Und er fragte ihn: „Wer ist denn dieser Mann an dem Kreuz?" Und der Teufel sagte: „Du Dummkopf! Weißt du denn nicht, dass der Gekreuzigte Gottes Sohn ist und dass Gott unendlich viel mächtiger ist als der Teufel?"

Also quittierte Christophorus seinen Dienst beim Teufel, und er suchte Gott. Er fand ihn aber nicht. Er ging zu den mächtigsten Häusern, zu den reichsten Menschen. Überall, wo Pracht und Macht und Gewalt und Herrlichkeit war.

Gott war da nicht. Da wurde Christophorus traurig. Und er sagte: „Dann will ich eben den einfachen Menschen dienen." Und er baute sich ein Haus an einem Fluss ohne Brücke, und er trug die Menschen, die über den Fluss wollten, hinüber und herüber. So geschah es viele Jahre.

Eines Morgens hörte Christophorus eine dünne Stimme auf seinem Lager: „Christophorus, hol über!" Er stand auf und sah ein Kind am jenseitigen Ufer. Er watete hinüber, setzte das Kind auf seine Schultern und ging zurück. Aber was war das? Das Kind wurde immer schwerer und schwerer und er sagte: „Wie ist das möglich? Die schwersten Dinge kann ich tragen. Und jetzt wird mir ein Kind zu schwer!"

Worauf das Kind antwortete: „Das ist nicht wunderlich, Christophorus. Denn du trägst die ganze Welt auf deinen Schultern."

Da wusste er, dass er Gott gefunden hatte.

Alle eingefleischten Atheisten welcher Art auch immer lachen jetzt auf: Wenn es noch eines Beweises bedurft hätte, dass die Religion ein großes Lügenmärchen ist und den Menschen Quatsch erzählt, dann genüge doch wohl diese Geschichte.

Natürlich ist das ein Märchen und historisch gesehen von vorne bis hinten ausgedacht. Wenn man so will: erlogen. Aber wenn ich mich recht erinnere, war es Hans Conrad Zander, der meinte, eine Erzählung sei, wenn sie zu märchenhaft schön daherkommt, eine Flunkerei und Unsinn – außer in der Liebe und in der Religion, da sei sie nicht selten tiefe Wahrheit.

Und so ist die Geschichte des heiligen Christophorus historisch Unsinn. Dennoch ist sie gleichzeitig zutiefst wahr. Denn nichts fasst den Glauben unserer christlichen Religion besser und wahrer zusammen: Du findest Gott, indem du bei den Armen, bei den Benachteiligten, bei den Schwachen, bei den Kindern, bei denen, die keine Macht haben, bist und ihnen dienst. *„Ubi caritas et amor, ibi deus est"* – „Wo die Liebe und die Güte, da ist Gott."

Und wenn du suchst, findest du im großen Garten des Lebens Gott. Und er trägt dich.

31. Kalenderwoche: Sirtaki

Was bringt diese Woche?

Für mich und sicher auch viele andere die Erinnerung an Mikis Theodorakis. Er starb am 2. September 2021 in Athen, wurde ganze 96 Jahre alt, einer der bekanntesten griechischen Komponisten des 20. Jahrhunderts. Seine berühmteste Melodie ist der „Sirtaki", die er für den Film *Alexis Sorbas* (1964) komponierte.

Wegen seiner Opposition gegen die herrschende Militärdiktatur in Griechenland saß der Komponist immer wieder im Gefängnis. Und man vollzog an ihm eine der grausamsten Foltermethoden: eine Scheinhinrichtung. So holte ihn vor Sonnenaufgang ein Soldat mit gezogener Pistole aus seiner Zelle und führte ihn zum Hinrichtungsplatz auf dem Dach des Gefängnisses. Während der gesamten Strecke hörte Theodorakis nicht auf, die Melodie seines „Sirtaki" zu summen. Und als der Augenblick der angeblichen Hinrichtung gekommen war, fragte ihn der Scherge, warum er denn fortwährend diese Melodie gesungen habe. Darauf antwortete Mikis Theodorakis: „Du wirst dein Leben lang in Griechenland immer wieder diese Melodie hören. Und sie wird dich daran erinnern, dass du zum Mörder geworden bist."

Sie kennen auch den Sirtaki aus dem Film *Alexis Sorbas* aus dem Jahr 1964. Da scheitert das Projekt vom Bau einer Seilbahn zum Transport von Baumstämmen im Moment ihrer Einweihung grandios: Sie klappt wie ein Kartenhaus zusammen. Die zum Festakt anwesenden Gäste verziehen sich, die Protagonisten Basil und Sorbas – gespielt von Alan Bates und Anthony Quinn – bleiben am Strand alleine zurück. Aber zum Schluss tanzen sie mit fröhlichen Gesichtern vor dem Desaster den Sirtaki.

Immer wenn ich den Namen Theodorakis höre, denke ich an einen bestimmten Bischof, dessen Namen ich hier lieber nicht nenne. Dieser Mann verband die berühmteste Melodie des griechischen Komponisten mit der für ihn und für sehr viele schmerzlichen Tatsache, dass in unserer

Kirche Strukturen, lieb gewordene Sitten, Gebräuche und Rituale, sogar früher unveränderbare Gebote wahrscheinlich für immer wegbrechen.

„Dieses Wegbrechen betrübt mich aber überhaupt nicht", sagte der Bischof, „denn ich habe meine Lektion bei *Alexis Sorbas* gelernt."

„Wie das?," fragten wir Zuhörer erstaunt.

Und er sagte: „Nun, wir kennen alle die zentrale Szene des Films *Alexis Sorbas*. Da ist dieser Engländer und sein griechischer Partner und diese Seilbahn. Sie soll ihnen Wohlstand und Glück bringen. Und bei der Premiere der Materialseilbahn müssen sie erleben, wie die Konstruktion mit Getöse zusammenbricht. Der Engländer fällt auf die Knie, jammert und klagt, schreit. Und Sorbas, einen Moment vor Staunen still, sagt dann: ‚Hast du jemals in deinem Leben schon einmal etwas so großartig zusammenbrechen sehen?' Und dann, dann tanzen sie Sirtaki."

„So sehe ich auch die Situation unserer Kirche", sagte der Bischof. „Vieles bricht zusammen. Muss vielleicht zusammenbrechen. Aber eines bleibt: das Wesentliche – Christus, die Liebe und die österliche Freude."

Selten habe ich einem Bischof so sehr von Herzen zugestimmt wie diesem und seinem Sorbas-Vergleich.

Unser Kaplan aus Schwarzafrika, Immanuel, erzählte mir, dass in den Gottesdiensten seiner Heimat in Nigeria die Leute voller Freude tanzen. Und da habe ich gedacht, vielleicht sind die näher an der österlichen Kernbotschaft unseres Glaubens als wir im satten Westen.

Denn wie heißt es schon im 87. Psalm: „Und sie werden beim Reigentanz singen: All meine Quellen entspringen in dir." Deshalb erzählt die Bibel, dass König David vor der Bundeslade tanzt.

Jener Kaplan Immanuel sagte mir: „Und nicht nur David hat getanzt. Auch Johannes der Täufer." Und ich: „He?! Wann denn?" Er antworete: „Im Bauch seiner Mutter Elisabeth. Denn im Evangelium steht: ‚Da hüpfte das Kind in ihrem Leib.'" (Lk 1,41).

Denn im Garten des Lebens lernen wir am Ende alle den Sirtaki tanzen. Und hören damit nicht mehr auf. Und Mikis Theodorakis, der jetzt auf der Insel Kreta ruht, ist mit Sicherheit mittendrin dabei.

32. Kalenderwoche: Heiliger Dominikus

Was bringt diese Woche?

Das Fest des heiligen Dominikus am 8. August.

Dazu die hinreißende Nacherzählung seines Lebens vom Meister der Erzählkunst, frei nach Hans Conrad Zander:

Im zwölften Jahrhundert war Südfrankreich das, was in den 60er, 70er Jahren des zwanzigsten Jahrhunderts San Francisco war. So wie in der Stadt an der Pazifikküste sammelten sich im Mittelalter Jugendliche aus ganz Europa in Südfrankreich, um ihren Leidenschaften nachzugehen. Das war damals aber nicht *"Make love, not war"*, sondern das Bestreben, in einer leidenschaftlichen Hingabe der Armut zu frönen. Die jungen Leute spürten, dass die römische Kirche dekadent geworden war, in der gemeinsam gelebten Armut setzten sie ein radikales Zeichen gegen den Niedergang in Luxus und Äußerlichkeiten. So zogen sie Freitag für Freitag – *"Fridays for Future!"* – durch die Dörfer Südfrankreichs und riefen „Kehrt um! Das Ende der Welt ist nahe!"

In diesem Getümmel befand sich auch ein junger Mann aus Spanien namens Dominikus. Er war eigentlich auf einer Erkundungsreise im Auftrag des spanischen Hofes, hat diese aber nie zu Ende geführt. Er blieb im San Francisco des Mittelalters, in Südfrankreich, und hatte bald schon junge Menschen um sich geschart, um der neuen Bewegung der Armut zu dienen.

Die Armutsbewegungen wurden regelmäßig vom Papst in Rom verurteilt. Jetzt stellen wir uns natürlich vor: Das sind arme, naive Jugendliche gewesen, die in Frieden und Ausgeglichenheit ihre Wege gehen wollten. Und der böse autoritäre Papst hat sie regelmäßig gedeckelt. Das ist im Lauf der Kirchengeschichte oft passiert. Aber in diesem Fall trifft es nicht zu. Denn die Sekten, die dort entstanden, waren samt und sonders nicht harmlos, sondern in ihren antiweltlichen Forderungen dermaßen radikal, dass sie letztlich menschenverachtend waren. So waren nicht wenige der Überzeugung, dass sogar die Nahrungsaufnahme Sünde sei, und sie haben sich aus dieser radikalen Frömmigkeit regelrecht zu Tode gehungert.

Dominikus erkannte die Fehlentwicklung und sagte zu seinen Freunden: „Es ist richtig, in unserem Glauben den Weg Jesu radikaler zu gehen, aber nicht gegen Rom, sondern mit Rom." Also beauftragten ihn seine Freunde, nach Rom zu pilgern und den Papst zu bitten, einen neuen Orden gründen zu dürfen. Das tat Dominikus.

Als er in Rom vor dem Papst stand und ihm sein Anliegen darlegte, antwortete der Papst ziemlich genau das: „Nein! Es ist noch gar nicht so lange her, da hatte ich hier vor mir einen abgehobenen Spirituellen aus Umbrien stehen namens Franziskus. Ihm habe ich nachgegeben. Aber jetzt ist Schluss. Ich verbiete dir aufs Strengste, einen neuen Orden zu gründen." Mit dieser Nachricht kehrte Dominikus zurück nach Südfrankreich.

Hoffnungsvoll schauten ihn seine Freunde an: „Und? Was hat der Papst gesagt?" Dominikus antwortete: „Meine Freunde, er hat uns aufs Schärfste verboten, einen neuen Orden zu gründen. Also gründen wir einen alten." Er nahm eine Ordensregel, die schon längst verstaubt war, denn sie stammte aus dem 5. Jahrhundert, es war die Regel der Augustiner, und er gründete damit einen neuen alten Orden. Daraus entstanden die Dominikaner.

Als Dominikus im Sterben lag, trug man ihn hinaus ins Freie. Seine Freunde standen um ihn herum und weinten. Dominikus schaute einen nach dem anderen an und sprach: „Meine lieben Brüder! Jetzt war ich fast mein ganzes Leben mit euch zusammen, und ich habe euch alle sehr lieb. Aber ich muss euch etwas gestehen. Die ganze Zeit war ich lieber in Gesellschaft von Frauen."

Das gefällt mir.

Im Garten des Lebens sind die fromme Leidenschaft, die Liebe und der Humor eine äußerst effiziente Düngermischung!

Heiliger Dominikus, bitte für deine Kirche und lass uns alle dem Papst so gehorsam sein wie du!

33. Kalenderwoche:
Die Aufnahme Mariens in den Himmel

Was bringt diese Woche?
Am 15. August das Fest der Aufnahme Mariens in den Himmel.
In Bayern und auch etwas über den Main hinaus nach Norden heißt dieses Fest auch Mariä Himmelfahrt. In den Gottesdiensten hören wir wieder den herrlichen Lobgesang Mariens, das Magnificat:

„Meine Seele preist die Größe des Herrn
und mein Geist jubelt über Gott, meinen Retter."

Zum Schluss dieses Gesangs der Mutter Jesu, den sie während ihres Besuchs bei Elisabeth, der Mutter Johannes des Täufers, singt, heißt es dann:

„Er nimmt sich seines Knechtes Israel an
und denkt an sein Erbarmen,
das er unseren Vätern verheißen hat,
Abraham und seinen Nachkommen auf ewig."[19]

Im Kidrontal zu Jerusalem liegen gleich zwei christliche Erinnerungs- und Heiligtümer: Da ist der Garten Getsemani, darin die Kirche aller Nationen über byzantinischen und kreuzfahrerlichen Resten von Vorbauten, der Ort des Gebetes und der Todesangst Jesu am Vorabend seiner Kreuzigung. Unweit davon befindet sich der Überlieferung nach das Grab Mariens. Darüber wurde bereits im 4. Jahrhundert eine kleine Kirche errichtet. Die Kreuzfahrer haben sie im 12. Jahrhundert erweitert. Nach der Rückeroberung Jerusalems durch Sultan Saladin im Jahr 1187 wurde sie zerstört; die Krypta aber blieb verschont, weil auch die Muslime Maria verehren: Ihre Geschichte als Mutter Jesu steht auch im Koran.

47 Stufen führen in die Krypta hinab, und dort unten ist es so still wie in einem Mutterleib. Man blickt in ein leeres Grab hinein, geschlagen in den Fels. Von Beginn der Christenheit an wird hier das Grab Mariens verehrt. Und von sehr früher Zeit an wird hier der Glauben bekundet, dass Gott Maria nach ihrem Tod mit Leib und Seele in den Himmel aufgenommen hat.

Welcher Gedanke steht hinter diesem Glaubenssatz? Das Unglaubliche von allem Unglaublichen, das Wunder aller Wunder ist die Vorstellung, die wir Weihnachten feiern: Gott, der alles Begreifen und alle Vorstellungen übersteigt, der das gesamte Universum mit seinen Milliarden von Milchstraßen und Galaxien ins Dasein gerufen hat, dieser Gott hat sich als kleine Zelle in einem jüdischen Mädchen eingenistet. Von daher ist der Gedanke natürlich ganz nah und unmittelbar, dass dieses jüdische Mädchen ein ganz besonderer Mensch sein musste und ein ganz besonderer Mensch ist. Deshalb der Glaube, dass Gott dieses jüdische Mädchen von Anfang an aus der Spirale der menschlichen Erbschuld herausgenommen hat – das Fest der unbefleckten Empfängnis – und dass Gott diese jüdische Frau aus der Spirale des Todes, der Verwesung alles Leiblichen, herausgenommen hat – das Fest ihrer Aufnahme in den Himmel.

Dort im Kidrontal, in der Kirche unter der Erde, verehrt man dieses Geheimnis. Und dieser Ort könnte auch ein Ort der Versöhnung werden. Die drei großen abrahamitischen Religionen könnten hier in gemeinsamer Verehrung zusammenfinden.

Denn, wie es im Magnificat heißt, wahrlich ist Maria mit Haut und Haaren eine Tochter Abrahams, sie lebt und glaubt in seiner Tradition, sie ist von daher schlechthin eine Anwältin des Judentums.

Unsere, der Christen Königin und Mutter ist sie sowieso.

Sie ist aber auch die Mutter des Islams. Mit den schönsten und zärtlichsten poetischen Worten wird dieses jüdische Mädchen im Koran verehrt, und deshalb ist in der Krypta mit Mariens Grab auch eine muslimische Gebetsnische mit der Ausrichtung nach Mekka.

Ach, wat wär das schön, wenn Maria oder wenn dieser Ort wirklich zu einem Ort der Versöhnungsarbeit der drei großen abrahamitischen Religionen werden könnte!

Lachen versöhnt ja auch. Vor Jahren und immer mal wieder kommt die Diskussion auf, welcher Feiertag abgeschafft werden könnte, damit die Wirtschaft mehr brummt, der Staat mehr Steuern eintreibt, die freien Tage durch mehr Arbeit ersetzt werden. Da kam in Bayern die Idee auf, man könnte doch das Fest Christi Himmelfahrt und das Fest Mariä Himmelfahrt – in dem Bundesland ein gesetzlicher Feiertag – auf einen Termin zusammenlegen. Die zwei könnten dann ja eine Fahrgemeinschaft bilden.

Im Garten des Lebens haben alle Kinder Abrahams, jüdische, christliche, muslimische, gemeinsam viel Platz, und in ihrer Mitte Maria. Bitte für uns!

Und nur die Bayern bleiben für sich.

34. Kalenderwoche: Loriot

Was bringt diese Woche?

Die Hommage eines kleinen, unbedeutenden Komikers aus dem Bergischen Land an den größten seiner Zunft, nämlich an Vicco von Bülow, besser bekannt unter der französischen Bezeichnung seines Wappenvogels Pirol: an Loriot.

Fast jeder in Deutschland kennt seine genialen Sketche und seine Sprüche, die schon als feste Redewendungen in unser kollektives Bewusstsein eingegangen sind. „Männer und Frauen passen nicht zusammen." Oder: „Ich will einfach nur hier sitzen." Oder: „Das Ei ist hart." Sprichwörtlich aus seinem Weihnachtssketch mit Opa Hoppenstedt: „Früher war mehr Lametta." Und aus dem Film *Papa ante portas*: Da kehrt der Papa vormittags von der Arbeit nach Hause zurück, klingelt an der eigenen Haustür, und seine Frau, selbstverständlich gespielt von Evelyn Hamann, fragt ihn konsterniert: „Was machst du denn hier?!" Er: „Ich wohne hier." Sie: „Aber doch nicht um diese Zeit!"

Und der Spruch aus dem Flugzeug-Sketch: „Der Mensch ist das einzige Lebewesen, das fähig ist, in 10.000 Meter Flughöhe eine warme Mahlzeit zu sich zu nehmen." Und sowieso nicht zu vergessen sein sehr kurzes, mit tausendfacher Bedeutung aufgeladenes Statement, das in Deutschland nicht mehr gesagt werden kann, ohne dass man sofort an Loriot denkt: „Ach was!" Und: „Ah, ja!"

Am 22. August, in der 34. Kalenderwoche des Jahres 2011, ist Vicco von Bülow im Alter von 87 Jahren in seinem Haus am Starnberger See verstorben.

Mich interessiert natürlich die Gretchenfrage an Loriot: Wie hältst du es mit der Religion? Soviel ich weiß, ist darüber nichts Näheres bekannt, ich muss also spekulieren. Dafür, dass Loriot ein religiöser Mensch war, sprechen einige Indizien.

Das erste: Er hat sich strikt geweigert, irgendeinen negativen, abfälligen oder gar aggressiven Sketch über Religion oder die Kirchen zu produzieren.

Zweitens: Selbstverständlich ist Bernhard-Viktor Christoph-Carl von Bülow im Jahre 1923 in einer Kirche irgendwo in Brandenburg getauft worden. Ich weiß das deshalb, weil seine letzte öffentliche Rede kurz vor seinem Tod in eben jener, seiner Taufkirche stattfand, die gerade frisch renoviert worden war. Er hatte es sich trotz seiner angeschlagenen Gesundheit nicht nehmen lassen, zur Feier der Wiedereröffnung der Kirche eine Rede zu halten. Natürlich waren alle Bänke im Kirchenschiff rappelvoll besetzt. Und der erste Satz von Loriot, schon mit brüchiger Stimme: „Anwesend bei meiner Taufe waren acht Paten, von denen leider heute keiner zu dieser Feier erschienen ist." Befreites Lachen in der Kirche.

Das wichtigste Indiz allerdings für eine Gläubigkeit von Loriot sind seine Worte beim Tod seiner genialen Sketch-Partnerin Evelyn Hamann. Obwohl sie ja viel jünger war als er, ist sie vier Jahre vor ihm verstorben. An ihrem Sterbetag richtete sich ihr sichtbar trauriger Humorpartner via Fernsehen direkt an sie: „Liebe Evelyn, dein Timing war immer perfekt. Nur heute hast du die Reihenfolge nicht eingehalten." Pause. Und schließlich mit seinem sehr feinen Lächeln: „Na warte!"

Ist das nicht ein wunderbarer Ausdruck der österlichen Hoffnung, dass wir uns wiedersehen? Dass der Tod nicht das letzte Wort hat? Daher glaube ich, dass der großartige Loriot auch ein gläubiger Mensch war und in sich die österliche Hoffnung trug. Vielleicht ein Grund für seinen grandiosen, hinreißenden Humor, Ausdruck einer über alle Abgründe und Bosheit hinübersteigenden Liebe zu den Menschen.

Denn im Garten des Lebens liefert dieser liebende Humor das Wasser in den sonst trockenen Boden unter der Sonne.

Ach was!

35. Kalenderwoche: Heiliger Augustinus

Was bringt diese Woche?

Den Gedenktag eines großen Heiligen, Philosophen und Theologen am 28. August.

Ich erinnere mich noch genau: Als Kind besuchte ich mit meinem Vater einmal ein Kloster und stand dort fasziniert vor einer großen Heiligenfigur, zu deren Füßen ein spielendes Kind dargestellt war. Was das denn bedeute, fragte ich meinen Papa. Und er erzählte mir die Geschichte von Aurelius Augustinus (geboren am 13. November 354 in Tagaste, heute Souk Ahras in Algerien, gestorben am 28. August 430 in Hippo Regius, wo er Bischof war, nahe dem heutigen Annaba in Algerien).

„Augustinus", sagte mein Vater, „war ein großer Heiliger und ein kluger Mann. Und weil er so klug war, quälte ihn, dass er mit seinem Verstand Gott nicht begreifen konnte, vor allen Dingen, dass er die Heilige Dreifaltigkeit nicht verstehen konnte. Wir glauben an den einen Gott. Und trotzdem beten wir ‚im Namen des Vaters und des Sohnes und des Heiligen Geistes'. Drei in einem, einer in drei? Wie ist das denkbar?

Der heilige Augustinus ging einmal am Meer spazieren und wieder wurde er von dem unlogischen Gedanken der Dreieinigkeit gequält und damit von der Unverstehbarkeit Gottes. Da traf er am Strand ein spielendes Kind. ‚Was machst du da', fragte er das Kind. Es antwortete: ‚Ich schöpfe mit dieser kleinen Muschel das Meer in meinen Eimer.' Da lachte Augustinus und sagte: ‚Wie willst du denn das riesige Meer in diesen kleinen Eimer hineinbekommen? Dummes Kind!'

‚Richtig', sagte das Kind, ‚das geht ja gar nicht. Aber ich habe auch eine Frage, Augustinus: Wie willst du den großen, unbegreiflichen Gott in deinen kleinen Verstand bekommen? Dummer August!'"

Diese Geschichte habe auch ich als kleines Kind sofort verstanden. Und sie ist mir bis heute schlüssig: Gott, der Grund und das Geheimnis hinter und über und unter und in allem, ist für unsere menschlichen Kategorien unbegreiflich. Deshalb hat derselbe Augustinus in seinen Schriften irgendwann geschrieben: *Si comprehendis non est deus*. Wenn du ihn verstanden hast, ist das ein sicheres Anzeichen dafür, dass es nicht Gott ist.

Dietrich Bonhoeffer hat das unglaubliche Paradox gesagt: „Einen Gott, den ‚es gibt', gibt es nicht."[20] Müssen wir also über ihn schweigen? Nein. Als Menschen kommen wir zwar aus dem Dilemma des Unbegreiflichen, das doch begriffen und gesagt werden will, nicht heraus. Aber wenn Gott sich selbst begreifbar macht, aus sich herausgeht, ein Menschenkind wird in Bethlehem und mit den Menschen lebt und geht bis zum Tod am Kreuz, dann können wir auch als Menschen und in unseren Vorstellungen mit ihm und über ihn sprechen. Denn Gott hat uns als Mensch angesprochen.

Das ist das begreifbar Unglaubliche und das Wunderbare an unserem christlichen Glauben: Gott hat sich begreifbar gemacht. Die beste theologische Beschreibung dafür ist die Dreifaltigkeit. Hans Küng sagt darüber: „Gott, der unsichtbare Vater **über** uns, Jesus, der Sohn des Menschen, **mit** Gott für uns, der Heilige Geist, aus Gottes Kraft und Liebe, **in** uns."[21]

Oder wie Papst Benedikt XVI. gesagt hat: „Gott ist dreifaltig einer: Er ist nicht ewige Einsamkeit, sondern ewige Liebe, die das Miteinander der drei Personen setzt und der Urgrund allen Seins und Lebens ist. Die Einheit, die die Liebe schafft – die trinitarische Einheit – ist höhere Einheit als die Einheit letzter, unteilbarer materieller Bausteine. Die höchste Einheit ist nichts Starres. Sie ist Liebe."[22]

Der große Augustinus von Hippo hat sich eine Menge Gedanken gemacht – um so klug wie ein Kind zu werden.

Und im Garten des Lebens werden die Klugen und die Dummen gleichermaßen umhegt von Gottes Liebe.

36. Kalenderwoche: Berührungen

Was bringt diese Woche?
Wenn in der katholischen Kirche für die Lesungen in den Gottesdiensten das Lesejahr B dran ist, alle drei Jahre, dann hören wir an diesem 23. Sonntag im Jahreskreis ein etwas eigenartiges Evangelium vom Evangelisten Markus, Kapitel 7, Verse 31 bis 37 – eines meiner Lieblingsevangelien.

Also dazu erzähle ich erst mal eine Geschichte, die sich nicht wie dieses Evangelium in Galiläa ereignet hat, sondern in Duisburg. Ist aber auch gut.

Vor einigen Jahren hat mein Freund Jürgen Becker in den Kulturräumen der Moschee in Duisburg-Marxloh einen Kabarettabend organisiert. Der Clou war dabei eine junge, ganz taffe und tolle muslimische Frau, eine Kabarettistin. Und mich hat der Jürgen auch dazu eingeladen, ich durfte dabei sein. Vor dem Auftritt hat Jürgen Becker mich zur Seite genommen und mir sehr streng zwei Anweisungen gegeben. Ich dachte, was ist denn jetzt los! Aber dann habe ich verstanden. Er sagte:

„Erstens, Willibert, mach keine Witze über Religion, schon gar keine über den Islam, den Propheten und den Koran! Verstanden?!

Und zweitens, Willibert, du darfst auf keinen Fall wie sonst, wenn die Leute klatschen und du dich verabschiedest, wie sonst bei anderen Auftritten die junge Kollegin anfassen oder gar umarmen. Absolutes Tabu!"

Ich habe mich, etwas eingeschüchtert, an das gehalten, was der Jürgen mir gesagt hat, schon aus Respekt vor den Sitten und Gebräuchen unserer Gastgeber.

Warum erzähle ich das? Weil das mit dem oben genannten Evangelium zu tun hat. Es geht so:

Jesus kam in das Gebiet der Dekapolis. Dieses Gebiet war damals der Inbegriff des nicht-jüdischen Heidentums, da züchtete und hütete man zum Beispiel Schweine, die dem Judentum als absolut unreine Tiere galten. Also in diesem Gebiet muss man, so dachten rechtgläubige Juden, aufpassen, dass man sich nicht unrein, also schmutzig macht. Da man auch dort schon von Jesus gehört hatte, brachte man einen Taubstummen zu ihm, damit Jesus ihn heile. Jesus nahm den Taubstummen zur Seite und ging mit ihm in einen vor der brennenden Sonne schützenden Schatten. Und dann: Jesus legte zuerst einen Finger in die Ohren des Mannes, dann benetzte er den Finger mit seinem eigenen Speichel und legte ihn im geöffneten Mund auf dessen Zunge. Jesus guckte zum Himmel hinauf, seufzte und sprach: „*Effata!*", das heißt: Öffne dich! Und, so steht es bei Markus, sogleich öffneten sich die Ohren des Taubstummen und seine Zunge löste sich. Er konnte frei hören und sprechen.

Für jüdische Ohren ist diese Erzählung eine Ungeheuerlichkeit. Denn damals wie heute ist bei orthodoxen Juden wie bei strenggläubigen Muslimen die Berührung von Ungläubigen absolut tabu. Als wichtige Kategorie eines rechtschaffen Glaubenden gilt es, rein zu sein. Die Unterscheidung von *halal* und *haram,* von koscher und nicht koscher, rein und unrein ist von größter Bedeutung. Und wenn ein Frommer einen Ungläubigen berührte, wurde er selber unrein. Das spielt auch eine Rolle in der berühmten Evangelienerzählung vom barmherzigen Samariter: Der Grund, dass der Tempelpriester und der Pharisäer am unter die Räuber gefallenen Verletzten vorbeigingen und ihn seinem Schicksal überließen, war nicht, dass sie von Grund auf böse Menschen waren, sondern weil sie nicht wussten, ob dieser unbekannte Verletzte ein unreiner Heide war; hätten sie ihn berührt, wären sie selbst unrein geworden. Deshalb hat ein guter Jude das Gebiet der Dekapolis ja auch möglichst gar nicht erst betreten.

Und Jesus? Kümmert sich nicht um unrein oder rein. Kümmert sich nicht um das Tabu. Er legt seinen Finger in die Ohren des Taubstummen. Er legt seinen Finger mit Speichel benetzt in den Mund des Taubstummen. Das ist ja fast schon übergriffig. Hier geht es aber – wie bei einem Arzt, der, wenn es notwendig und heilsam ist, auch seinen Finger in Wunden legt und überall da den Körper abtastet, wo er eine Krankheit spüren kann – darum, dass Jesus diesem Menschen in seiner Not helfen will.

Unrein und rein: Das entscheidet sich nicht an äußeren Kategorien, an Einteilungen von Menschen und Tieren, die ansteckend wären wie Covid 19. Das Entscheidende ist das Innere eines Menschen. Und dieser Mensch, der da sein ganzes Leben „im Schatten" seiner Taubheit und

Stummheit und jetzt vor Jesus steht, der braucht einfach eine Berührung, die ihn da rausholt.

Verstanden habe ich, was der Jürgen Becker mir vor dem Auftritt in Duisburg-Marxloh an Ermahnung mitgegeben hat. Ich durfte die junge muslimische Kabarettistin in den Augen ihrer Glaubensschwestern und -brüder nicht unrein machen – und habe es nicht getan. Aber ich dachte auch daran, dass Jesus sich von der öffentlich bekannten „Sünderin" hat mit Tränen die Füße benetzen und dann mit ihren Haaren hat trocknen lassen, eine schon erotische Szene ... Das war wohl Maria Magdalena, der der Auferstandene am Ostermorgen als Erstes begegnet. Und sie umarmt ihn.

Unrein? Tabu? Jesus war von diesen gestanzten Kategorien wohl frei. Besonders da, wo sie zu Verachtung anderer, Verweigerung von Hilfe, in überhebliche Ablehnung führen. Für ihn war eindeutig: Ob ich einen anderen oder eine andere berühre, entscheidet sich nur daran, ob er oder sie meine Berührung braucht oder sehr wünscht. Darauf kommt es an. Reinheit vor Gott entsteht dann, wenn ich versuche, meine Schwester und meinen Bruder, gleich welchen Glaubens, gleich welchen „was auch immer" zu lieben.

Denn im Garten des Lebens lässt diese liebende Freiheit schönste Pflanzen wachsen.

Seid umarmt und gedrückt vom bergischen Jung.

37. Kalenderwoche:
Bei Gott*! Die Genderdebatte

Was bringt diese Woche?

Erst mal einen Witz, den ich früher immer erzählt habe, der aber heute nicht mehr geht. Der funktioniert einfach nicht mehr:

Eine junge, hoch emanzipierte Mutter geht mit dem Kinderwagen spazieren. Da wird sie auf der Straße von ihrem Nachbarn angehalten. Er schaut in den Kinderwagen und sagt: „Och, das ist aber ein süßes Baby. Was ist es denn? Ein Junge oder ein Mädchen?"

Worauf sie antwortet: „Das soll unser Kind später mal ganz alleine entscheiden."

Haha! Oder eben nicht mehr haha. Denn nach strenger Gendertheorie ist das Geschlecht nicht biologisch gegeben, sondern sozial konstruiert. Loriot würde sagen: „Ach was!"

Ich kann das so radikal nicht nachvollziehen und raufe mir die verbliebenen Haare. Übertreibe ich? Nein. Ich will mal ein Beispiel geben dafür, was für Auswüchse es im Kampf für Gendergerechtigkeit mittlerweile gibt.

In Finnland steht einer ehemaligen Ministerin ein Gerichtsverfahren bevor, weil sie es gewagt hat, in die Genderdebatte das Bibelzitat einzubringen, wonach Gott den Menschen als Mann und Frau geschaffen habe. Gegen sie gibt es drei Anklagepunkte, darunter den der herabwürdigenden Beleidigungen.

Haben wir eigentlich noch alle Latten am Zaun? Natürlich, eine gendersensible Sprache, die andere nicht beleidigt, ist eine tolle Forderung. Das sage ich ausdrücklich, weil der Bund der Deutschen Katholischen Jugend (BDKJ) vor einiger Zeit beschlossen hat, das Wort Gott nur noch mit Gendersternchen zu schreiben, also „Gott*". Das ist okay. Und zwar aus theologischen Gründen. Denn Gott ist natürlich weder männlich noch weiblich, er ist aber auch nicht divers. Er ist überhaupt nicht irgendeiner biologischen, chemischen, wissenschaftlichen Kategorie unterworfen. Gott ist jenseits aller menschlichen Vorstellungskraft, jenseits aller Schubladen und Kategorien. Daher ist er im wahrsten Sinne des Wortes unbegreiflich. Deshalb ist übrigens auch das Christentum für mich so faszinierend, weil sich darin das Unbegreifliche in Begrifflichkeit begibt, eben in jenem Kind im Stall von Bethlehem – Gott ist ein Mensch geworden.

Also so verstehe ich den BDKJ-Beschluss und das göttliche Gendersternchen. Und selbstverständlich bin ich für Respekt in der Sprache. Alles okay. Aber insgesamt muss man in der aufgeheizten Debatte natürlich aufpassen, dass man sich nicht ineinander verkeilt, nicht verbissen wird, nicht ideologisch wird und um der Gerechtigkeit willen ungerecht.

Beispiel: Eine hoch angesehene Philosophin aus England, die übrigens lesbische Professorin Kathleen Stock, hat aufgegeben. Sie hatte ein Buch geschrieben, in dem sie klar äußert, sie gehe davon aus, dass Menschen von Geburt an grundsätzlich männlich oder weiblich seien. Die Ausnahmen bestätigten nur diese Regel. Die Transgenderaktivist*innen haben diese Frau dermaßen gemobbt, bis hin zu Angriffen auf ihre Familie, dass sie das Handtuch geworfen und ihren Lehrstuhl aufgegeben hat. Im sogenannten „sozialen" Netz stimmen die Aktivisten einen Triumphgesang an: *The Witch Is Dead!* Hurra, hurra. Die Hexe ist tot.

Wenn eine Diskussionskultur so ausartet, zur reinen Unkultur wird – man sehe nur die Schmiereien gegen Alice Schwarzer und ihr Redaktionsteam wegen der kritischen Äußerungen zum geplanten Transsexuellengesetz auf dem Bayenturm in Köln, in dem die Zeitschrift „Emma" entsteht –, dann ist sie eine Gefühlsdiktatur. Sie tauscht keine Argumente mehr aus, sondern verlangt Unterwerfung. Dann ist es schlimm. Wie kann und soll man darauf antworten?

Um keine Missverständnisse aufkommen zu lassen. Wenn z. B. Menschen sich wirklich im falschen Köper, dem falschen Geschlecht wegen ihrer Geschlechtsmerkmale zugehörig fühlen, dann ist es gut, wenn ihnen medizinisch die Veränderung ermöglicht wird, psychologisch alle Unterstützung zuteilwird, juristisch keine Steine in den Weg gelegt werden. Und von der Gesellschaft und jedem Einzelnen Hochachtung entgegengebracht wird. Denn ihr Weg ist so notwendig wie auch schwierig – und zutiefst menschlich. Aber die Hasskultur in der Diskussion darüber lehne ich ab!

Meine Antwort geht mit der Leichtigkeit des Humors:

Eine junge Frau, sehr gendersensibel, hat das berechtigte Anliegen, dass die weibliche Form in der Sprache deutlich mehr vorkommt. So hat sie sich vorgenommen, statt des generischen Maskulinums immer nur die feminine Form zu verwenden. Jetzt hat sie an einem heißen Sommertag Durst auf einen Radler. Sie geht also in eine Kneipe und sagt zu dem Wirt: „Ich hätte gern eine Radlerin."

Worauf der Wirt antwortet: „Oh, tut mir leid, aber unser Zapfhuhn ist kaputt."

Denn im Garten des Lebens ist befreiender Humor die beste Perspektive gegen jegliche ideologische Verkrampfung.

Bei Gott*!

38. Kalenderwoche: Heiliger Januarius

Was bringt diese Woche?

Das Fest des heiligen Januarius am 19. September. Was, den kennen Sie nicht? Fragen Sie mal einen Italiener, ob er San Gennaro kennt! Kennt er. Bestens. Mit dem ist er auf Du und Du. Besonders, wenn er aus Süditalien ist. Und allerbestens, wenn er Neapolitaner ist.

An jedem 19. September ist der San-Gennaro-Dom in Neapel bis auf den letzten Platz mit Gläubigen gefüllt, die mit dem versammelten Klerus im Chorraum innige Gebete wechseln. Über allem und allen liegt die gleiche große Erwartung. Der Bischof bittet den Heiligen um den Segen für seine Kathedrale und für seine Herde. Der Fischer um genügend Sardinen und Aale aus dem Tyrrhenischen Meer in seinem Netz. Der Hirte, der von seinen Weiden oben in den Bergen der Apenninen herabgestiegen ist, um Schutz für seine Schafe und Ziegen. Der Olivenhändler, der seinen Laden zugesperrt hat, um eine üppige Ernte. Und die Neapolitanerinnen, die am Fuß des Vesuvs wohnen und inständig beten, dass der Vulkan auch in diesem Jahr bis zum nächsten Fest des Heiligen nicht ausbrechen möge.

Alle warten auf das gleiche große Wunder, schauen unverwandt auf den Altar. Auf dem steht in einer kostbaren silbernen Büste das Haupt des heiligen Gennaro. Davor steht ein in Gold geschmiedetes Reliquiengefäß mit der Ampulle, die Blut des Heiligen enthält.

Die Heiligenlegende erzählt: Januarius war Bischof von Neapel. In der großen Christenverfolgung unter Kaiser Diokletian im Jahre 304 war er gefangen genommen und den hungrigen Löwen vor die Mäuler geworfen worden. Wie Kätzchen hatten sich die Bestien knurrend und schnurrend zu seinen Füßen niedergekauert. Da hat man ihn mit dem Schwert enthauptet. Kaum aber hatte der Henker den tödlichen Streich getan, als eine tapfere Christin herzueilte, um etwas von dem strömenden Blut des Bischofs in einem Glasgefäß aufzufangen. Eine kostbare Reliquie von dem Märtyrer, der für den Glauben sein Leben gegeben hatte. Es ist dieselbe Ampulle, die sich noch heute in dem goldenen Reliquiar befindet und die nun alle Aufmerksamkeit der Menschen im Dom auf sich konzentriert.

Da plötzlich stocken die Gebete, einen Augenblick lang herrscht atemlose Stille, dann bricht ein Schrei auf, der die Gewölbe des Doms erschüttert. Mit dem Sturm aller ihrer Register setzt die Orgel ein. Dröhnend hallen die Glocken vom Turm, und alle anderen in der Stadt, die von Santa Chiara, von San Domenico, von den vielen Marien-Kirchen, von allen Türmen Neapels, stimmen ein. Jetzt zünden donnernd die Geschütze im Hafen und verkünden das große Wunder weit über Land und Meer.

Im Dom wirft sich die Menschenmenge auf die Knie und singt das uralte *Te Deum laudamus.* Großer Gott, wir loben dich. Denn das alte, trockene Blut hat sich verflüssigt.

Stopp, sagt der Kritiker. Das ist kein Wunder, das ist ein Trick. Jeder Chemiker kann bestätigen, was Stickstoff mit vertrockneten, verklumpten oder steifen Flüssigkeiten macht. Wird das farb-, geruch- und geschmacklose Gas einem geschlossenen Behälter zugeführt und bei passender Gelegenheit alles ein bisschen geschüttelt oder auch nur bewegt, wird das Trockene wieder flüssig. Jeder kennt das „Wunder" von Ketchup-Flaschen. Irgendein frommer Schwindler wird schon im Mittelalter dem Blut in der Ampulle Stickstoff zugefügt haben. Und jedes Jahr am 19. September wird die Ampulle ja bewegt – und dann: großes Staunen. Tamtam. Hokuspokus, Simsalabim. Ein Trick.

Natürlich ist es möglich, dass ein Schwindler genau dies getan hat im Mittelalter: Stickstoff in die Ampulle gegeben.

Aber es ist auch möglich, dass es ein Wunder ist.

Aber darauf kommt es überhaupt nicht an. Das Entscheidende bei der Verehrung von Heiligen und Wundern ist: Menschen brauchen begreifbare, sinnliche Bilder, um ihren Glauben zu stärken. Und dieser Glaube besagt nichts anderes als: Jeder Mensch ist unendlich mehr als nur ein Klumpen aus biochemischen Stoffen. Die ganze Welt ist unendlich mehr, als wir in unserem begrenzten Horizont wissen oder auch nur erahnen. Darum geht es. Darum geht es auch bei dem Wunder im Dom zu Neapel. Ich erinnere an den klugen Gedanken von Hans Conrad Zander, der gut zum Januarius-Wunder passt: Was in wissenschaftlicher Sicht schlicht als

Lüge zu definieren ist, kann in der Liebe und in der Religion tiefe Wahrheit sein.

Denn im Garten des Lebens sorgt die Wahrheit für mehr Gedeihen als das Gießen mit Wasser.

Heiliger Januarius, alter Blutsbruder, bitte für alle Neapolitanerinnen und Neapolitaner und für uns auch.

39. Kalenderwoche: Arions Arie

Was bringt diese Woche?
 Für mich und jetzt auch für Sie die herrliche Erinnerung einer faszinierenden Reise im Herbst nach Sizilien.

Ich war zutiefst berührt von dem unglaublichen Reichtum an Kultur aus verschiedensten Epochen. Da steht auf der Mittelmeerinsel Sizilien zum Beispiel die spätrömische Villa Romana del Casale in der Nähe der Stadt Piazza Amerina mit den großartigsten Bodenmosaiken der Welt. Deshalb ist die Villa auch von der Unesco zum Weltkulturerbe erklärt worden. Diese Mosaiken sind wirklich fantastisch.

Als ich ein Junge war, hörte ich zum ersten Mal das bezaubernde Chanson *Ich wollte wie Orpheus singen* (gleichnamiges Album, 1967) von Reinhard Mey. Durch sein Lied habe ich gelernt, dass Orpheus die Tiere durch seinen Gesang anlocken konnte. Der Sänger und Dichter aus der antiken griechischen Mythologie konnte mit seinen Liedern Menschen und Götter betören. Die Bäume neigten sich seinem Gesang zu, selbst die Felsen, so erzählt es der Mythos und so singt es Reinhard Mey, vergossen Tränen. Die wilden Tiere lagerten sich friedlich um den Sänger, wenn der zu einem Lied anhob und über die Saiten seiner Lyra strich.

Aber erst in dieser Villa Casale auf Sizilien habe ich dazugelernt, dass Orpheus als Sänger nur für die Landtiere zuständig ist. Für die Wassertiere gibt es einen eigenen Musikgott: Arion. Er wird – nicht nur dort – in der Villa auf dem zentralen Mosaikfußboden dargestellt als Hermaphrodit, heute würde man sagen: Kategorie Sternchen divers. Und damals wie heute gab und gibt es Menschen, die anders waren als die anderen, und die deshalb zutiefst gehasst wurden. So auch Arion.

Dem Mythos und der Legende nach besuchte der berühmte Dichter und Sänger auf seinen Reisen Sizilien, gewann dort einen Sängerwettstreit und nahm hoch geehrt ein Schiff zurück in seine Heimat. Die Mannschaft auf dem Schiff hasste und beneidete ihn gleichzeitig so sehr, dass sie beschlossen, Arion über Bord zu werfen. Der Kapitän stellte ihm die berühmte Frage nach einem letzten Wunsch. „Ja", sagte Arion, „ich möchte noch einmal singen."

Unser Wort „Arie" als Bezeichnung für ein Gesangsstück aus der klassischen Musik kommt daher.

Arion sang also. Und dann, erzählt der Mythos, dann geschah es: Alle Tiere des Wassers wurden von dem schönen Gesang angezogen und schwammen um das Schiff. Sie erzeugten einen Sog in einem Strudel – und das Schiff versank darin. Mann und Maus ertranken. Nur Arion wurde durch einen Delfin gerettet, auf dessen Rücken – so zeigt es auch das Mosaik in der Villa Casale – er durch das Meer reitet bis ans rettende Land.

Wir wissen von C. G. Jung, dem Erforscher der Seelen, Träume und Urbilder, dass es in allen Kulturen und Mythensammlungen, in allen Religionen viele sehr ähnliche oder sogar gleiche Erzählungen und Bilder gibt, sogenannte Archetypen. Eines davon ist die Rettung vor dem oder aus dem Wasser: mit der Arche Noah oder, wie von Jonas erzählt wird, im Bauch des Walfischs; und in der griechisch-römischen Mythologie gibt es eben die Geschichte von Arion und dem Delfin.

Das Wasser – wenn es in der Menge des Meeres, großer Seen, bei Sturm zum Gegenstand der Erzählung wird – das Wasser ist dabei immer ein Symbol des Todes. Wenn Jesus über das Wasser geht, geht er über den Tod. Wenn er den versinkenden Petrus aus dem Wasser rettet, rettet er ihn aus dem Tod. Das sind österliche Geschichten.

Interessanterweise gibt es in der christlichen Ikonographie drei Tiere als Symbol für Christus: der Pelikan, das Einhorn und der Delfin. Christus ist also jener „Delfin", der aus dem Tod rettet. Wie den Arion auf dem Mosaikbild in der Villa Casale auf Sizilien.

Denn im Garten des Lebens ist diese rettende Erzählung von Christus für alle Menschen das schönste Lied.

Passen Sie trotzdem auf sich auf beim Schwimmen im Meer, nicht nur vor Sizilien!

40. Kalenderwoche:
Die deutsche Einheit

Was bringt diese Woche?

Einen Feiertag, den Tag der deutschen Einheit am 3. Oktober. Mehr als 30 Jahre sind wir nun schon gemeinsam unterwegs – und viele werden sagen: und immer noch nicht angekommen. Natürlich nicht! Wieso das denn? Na, vierzig Jahre wird es dauern, bis zusammengewachsen ist, was zusammengehört. Zur deutschen Einheit sind wir noch ein paar Jahre unterwegs.

Ich versuche es zu erklären. Ich habe mal ein Interview gelesen mit dem Ministerpräsidenten von Sachsen-Anhalt, Reiner Haseloff. Und es hat mich sehr berührt. Warum?

Reiner Haseloff ist Katholik; der Journalist fragte ihn: „Jetzt mal ehrlich, Herr Ministerpräsident, wie oft gehen Sie noch in die Kirche?" Die Antwort des Ministerpräsidenten lautete: „Jeden Sonntag. Und wenn ich im Ausland bin zu politischen Terminen, dann lege ich diese Termine immer so, dass, egal wo ich bin, ich jeden Sonntag in die Kirche gehen kann." Diese Antwort ist schon fast exotisch, selbst für treue Katholiken. Dann erzählte Reiner Haseloff dem Journalisten von einer Predigt, die ihn unmittelbar nach der deutschen Wiedervereinigung fasziniert hat. Sein damaliger Pastor predigte in der Kirche etwa dies: „Liebe Gemeinde, jetzt sind wir endlich vom Joch des Kommunismus befreit. Und viele meinen, jetzt sind wir im gelobten Land. Falsch", habe der Pastor gepredigt. „Jetzt beginnt erst die Wüste. So wie das Volk Israel nach der Befreiung aus der Knechtschaft Ägyptens vierzig Jahre durch die Wüste ziehen musste und sehr schnell merkte, wie anstrengend, wie mühsam der Weg ist."

Was geschah in dieser uralten Erzählung des Auszugs aus Ägypten? Das Volk, das doch aus der Unterdrückung befreit worden war, begann zu murren und sehnte sich zurück nach den Fleischtöpfen Ägyptens. Das erinnert an die, die gerne sagen: „Na ja, in der DDR war ja nicht alles schlecht. Jeder hatte seine Sicherheit." Mit anderen Worten: seine Fleischtöpfe.

Als Nächstes geschah in der Wüste, während Moses auf dem Berg auf die Zehn Gebote wartete, dass die eben noch von dem Gott Abrahams, Israels und Jakobs aus der Sklaverei glücklich Herausgeführten unten, am Fuß des Berges, um das Goldene Kalb herumtanzten, das sie selbst gegossen hatten und das sie nun als Gott verehrten. Erinnert das nicht auch daran, dass viele nach dem Zusammenbruch der DDR nur eins im Sinn hatten: ein großes goldenes Kalb aufzustellen, viel Gold, viel Geld, viel Konsum? Die Anbetung eines Raubtierkapitalismus.

Ich denke, mindestens eine Generation muss durch diese Phase. Mindestens vierzig Jahre dauert es, bis das „Gold" seinen blendenden Glanz einbüßt und als das erkannt wird, was es ist: kaltes Metall. Davon allein kann kein Mensch und kein Volk leben.

Zwischen dem Zusammenbruch eines Systems, das stark war wie die Macht der Pharaonen in Ägypten, und dem Ankommen in einem wirklichen Zuhause der Freiheit, in dem man miteinander in Respekt voreinander lebt, sich nichts gegenseitig stiehlt, den anderen nicht übervorteilt, die ganz Jungen, Alten und Schwachen genauso leben können wie die Starken, wo also Rücksicht herrscht und nicht Gier – bis man also da ankommt, braucht es einen langen Prozess des Miteinander-Lernens. Wenn wir ehrlich sind: Die Menschen aus der alten Bundesrepublik sind ja auch noch nicht so sehr weit damit gekommen. Aber nach vierzig Jahren deutscher Einheit, hoffe ich, können alle wirklich gemeinsam gehen und dazulernen, ohne Neid und Missgunst zu einem solidarischen Miteinander finden in Einigkeit und Recht und Freiheit.

Denn die drei gehören ja zur Liebe wie das Amen in der Kirche. Und wie wir wissen:

Im Garten des Lebens ist die Liebe der beste Dung.

41. Kalenderwoche: Der Rosenkranz

Was bringt diese Woche?
Nicht nur diese Woche, sondern den ganzen Monat über: Der Oktober ist in der katholischen Kirche traditionell der Rosenkranzmonat.

Dazu gibt es faszinierende Erinnerungen von Hans Conrad Zander, dem Journalisten und Buchautor, über dieses vielleicht katholischste Gebet, den Rosenkranz. Vorweg aber folgende Feststellung: Jeder Mensch braucht für seine innere Stabilität eine feste äußere Struktur. So ist es auch mit dem Gebet. Und so war es schon in den ersten Jahrhunderten des Christentums bei den ägyptischen Wüstenmönchen ein sinnvoller Brauch, jeden Tag eine genau festgelegte Anzahl von Gebeten zu erreichen. Dazu füllten sie ein Säckchen mit einer entsprechenden Anzahl von Steinchen, und nach jedem Amen nahmen sie ein Steinchen heraus, bis der Beutel leer war.

Jetzt Hans Conrad Zander über den Rosenkranz:

„Vielleicht war es im Libanon, vielleicht in den Bergen Armeniens. Jedenfalls an einer jener Straßen, wo die alte Religion, das Christentum, und die neue Religion, der Islam, einander begegneten. Um das Jahr 1000 sitzt ein alter christlicher Gottesmann an der Straße und wirft nach der bewährten Praxis einen Kieselstein auf den Wüstenboden. Da kommt ein junger Pilgersmann des Weges, einer von der neuen Religion, ein Muslim. Und es ist nicht irgendeiner, sondern ein besonders fortschrittlicher Pilger: ein Sufi, also ein Angehöriger einer wichtigen muslimischen Tradition, die Askese mit einer tiefen spirituellen Orientierung verbindet, eine ausgeprägte mystische Strömung im Islam.

Dieser junge Mann sieht den Alten am Straßenrand, beobachtet, wie er Steinchen wegwirft, schüttelt den Kopf und fragt: ‚Was machst du da, Bruder im Herrn?'

‚Das siehst du doch‘, antwortet mürrisch der alte Christ und wirft wieder einen Kieselstein in die Wüste. ‚Ich bete.'

Wieder schüttelt der junge und flotte Sufi-Mystiker den Kopf. ‚Aber, aber, Bruder im Herrn! So betet man doch heutzutage nicht mehr!'

‚Wie betet man denn heutzutage?', fragt misstrauisch der alte Christ.

‚Heutzutage', sagt der junge Sufi und greift triumphierend in seine Tasche, ‚heutzutage nimmt man zum Beten dies.'"[23]

In den Händen des Muslim sieht vor eintausend Jahren ein alter Christ zum ersten Mal einen Rosenkranz. Aber so heißt diese Innovation noch nicht, den Ausdruck gibt es noch nicht. Bei den Muslimen heißt die Kette *Misbaha*. Und es dauert noch, bis sich bei den Christen das Wort Rosenkranz als Name einbürgert. Viel bezeichnender ist das erste Wort, das den Christen für die neue Schnur mit Knoten oder Perlen zum Zählen von Gebeten in den Sinn kommt: „*Komposkini*", aus dem Griechischen. Dessen Wortstamm ist derselbe im Lateinischen: „Computare" bedeutet be- oder zusammenrechnen. Der Computer ist eben ein Rechner. Der Rosenkranz ist also der Computer des frühen Mittelalters. Die Beterin oder der Beter braucht keine Steinchen mehr in Säckchen abzählen, um sie dann wegzuwerfen und am nächsten Tag von Neuem zu beginnen. Sie oder er macht's kurz: mit dem Computer, dem Komposkini.

Ist das nicht herrlich?

Und wie entstand der Name „Rosenkranz"? Wenn im Mittelalter ein junger Mann seiner Angebeteten seine Liebe gestehen wollte, gab er ihr einen Kranz aus Rosen. Der Name Rosenkranz stammt also tatsächlich aus der Sprache der Erotik des Mittelalters. Und die zieht in die Religion ein als Sprache der Liebe.

So wie das Meer in seinen Wellen hin und her geht und die Seele zur Ruhe bringt, so ist das mantraartige Gebet des Rosenkranzes nichts anderes als eine Vorahnung dessen, was uns nach unserem Tod erwartet: Wie eine Welle sich ins Meer ergießt, so geht unsere Seele ein in die bergende göttliche Liebe.

Denn im unendlichen Garten des Lebens ist die Liebe der tiefe Grund und genauso die Weite des Lichts.

Heilige Maria, Mutter Gottes, bitte für uns Sünder, jetzt und in der Stunde unseres Todes. Amen.

42. Kalenderwoche: Bläck Fööss

Was bringt diese Woche?
Einen Geburtstag. An einem 22. Oktober brachte das Kölner Plattenlabel Elektrola die erste Platte einer Band heraus, die den – damals sehr seltsamen – kölschen, aber auch irgendwie englisch klingenden Namen „De Bläck Fööss" trug. *Rievkooche-Walzer* (auf Deutsch: Reibekuchen-Walzer) und *Selverhuhzick* (Silberhochzeit) hießen die beiden Titel auf der Single aus dem Jahr 1970.

Ich erinnere mich noch, als sei es gestern gewesen. Anfang der 1970er Jahre, wir jungen Burschen und Mädchen stürzten uns ins Karnevalsgeschehen. Zum ersten Mal klangen aus den Lautsprechern und Musikboxen nicht die traditionellen Karnevalslieder inklusive dem dämlichsten Humba Humba Täterä, sondern es erklang Musik, die uns jungen Leuten direkt ins Herz ging. Da war nämlich eine Kölner Band mit langen Haaren und mit Klamotten, so wie wir sie hatten, und sie sang Karnevalslieder auf Kölsch zu Beat-Rhythmen. Ich denke zum Beispiel sehr gern an ein sehr schmissiges Liedchen von 1972 über streitende Kinder auf einem Hinterhof: Die „Schmitze Pänz" zanken sich mit „Fritze Boll", denn dessen „Mama kritt schon widder e Kind". Und wir alle sangen mit: „Sha-la-la-la Na Na Na Na Na Na".

Aber sie machten auch langsame und besinnliche Lieder, auf die man wunderbar Klammer-Blues tanzen konnte. Wie das vom alten Mann, der vor der Wirtshaustür steht und so gerne mit den anderen drinnen ein Bier trinken würde, das er sich aber nicht leisten kann. Der Refrain kommt von denen an der Theke: „Drink doch ene met."

Jetzt bin ich ein alter Mann und immer noch begleiten mich die Lieder der Bläck Fööss, sie berühren meine Seele und öffen sie zur Freude. Ich muss etwas gestehen, was vielleicht die konservativen Liturgen der ehrwürdigen Kirche zur Schnappatmung bringt. Ich habe mir nämlich erlaubt, die Liturgie bei Beerdigungen zu erweitern.

Am Ende einer katholischen Liturgie bei Beerdigungen wird seit Jahrhunderten ein Hymnus gesungen, der wunderschön ist. Und natürlich singe ich diesen uralten Hymnus, wenn ich als Diakon eine Beerdigung leite, auch:

„Zum Paradies mögen Engel dich geleiten,
die heiligen Märtyrer dich begrüßen
und dich führen in die heilige Stadt Jerusalem.
Die Chöre der Engel mögen dich empfangen,
und durch Christus, der für dich gestorben,
soll ewiges Leben dich erfreuen."

Wenn ich allerdings einen Rheinländer beerdige und ich mir sicher sein kann, dass die Angehörigen es verstehen, dann singe ich zusätzlich ein Lied von den Bläck Fööss. Sie haben nämlich 1998 zum Tode eines ihrer Freunde aus der Band, der sehr jung verstorben ist, bei seiner Beerdigung ein religiöses Sterbelied gesungen. Das singe ich.

„Maach et jot", beginnt es. Ich übersetze besser gleich ins Hochdeutsch (aber ich singe bei den Beisetzungen den Originaltext auf Kölsch!): Mach es gut, wir sehen uns wieder. Und die Bläck Fööss geben dem verstorbenen Kollegen mit auf den Weg, er solle dem Herrgott einen schönen Gruß bestellen, ihn aber auch fragen, ob es wirklich nötig war, dass dieser Freund so jung, vor der Zeit, gehen musste. Dieses „Mach es gut" mit der Frage an Gott wiederholen sie im Refrain. Im Strophentext dazwischen vergleichen sie das Leben mit einer Melodie, und egal ob es sich dabei um ein lustiges Liedchen, ein anrührendes Chanson oder eine große Sinfonie handelt, sie kommt einmal zu einem Ende. Wieder singen die Bläck Föss: „Mach es gut" – die schöne Melodie, das Zusammensein mit dem Freund ist vorbei. Und wenn die Melodie verklungen ist, wenn einer gehen muss, dann tut das weh, dann kann das der Mensch nicht verstehen. Dann muss er weinen wie ein Kind. „Mach es gut." Die Frage an Gott, die ja auch ein Vorwurf ist, bleibt: Warum muss da einer so früh gehen? Aber auch der Trost ist den Bläck Fööss gewiss: „Wir sehen uns wieder."

Da die letzten beiden Zeilen von dem, der jung und also viel zu früh gehen musste, nicht immer passen, habe ich sie etwas verändert:

„Bestell dem Herrjott 'n schöne Jroß,
un all die joode Siehl,
die schon bei ihm sin."
„Bestell dem Herrgott einen schönen Gruß
und all den guten Seelen,
die schon bei ihm sind."

Denn darin sind die Bläck Fööss und ich einer Meinung: Der Tod hat nicht das letzte Wort und wir können unseren Geliebten Lieder mitgeben und ihnen Lieder singen, die sie mitnehmen auf ihre faszinierende Reise ins göttliche Licht.

Denn im Garten des Lebens sind Humor, Musik und Glaube die wunderbarsten Blumen.

Ad multos annos, liebe Bläck Fööss, wünscht Euer Bewunderer und Freund, der bergische Jung.

43. Kalenderwoche: Pinchas Lapide und die Bibel

Was bringt diese Woche?

Die Erinnerung an einen der Größten der Religionswissenschaft, denn am 23. Oktober ist sein Todestag. Der jüdische Gelehrte Pinchas Lapide verstarb 1997, aber vergessen ist er nicht, und das wird auch nicht so schnell geschehen.

Seinen berühmten Satz zitiere ich oft: „Entweder nehme ich die Bibel ernst oder wörtlich." Den Satz haben radikale Kreationisten, vor allem in den USA, immer noch nicht verstanden. Sie bestehen darauf, dass zum Beispiel in Schulbüchern zu Erdkunde und Biologie die Erschaffung der Welt durch Gott an sechs Tagen, wie es im Buch Genesis im ersten Kapitel steht, mindestens alternativ zur Evolutionslehre angeführt wird. Und sie nehmen den Kindern damit die Chance, einerseits die Erkenntnisse der Wissenschaft wirklich ernst zu nehmen und zu verstehen, andererseits den wunderschön poetischen Text aus der Bibel so in ihr Leben aufzunehmen, wie er gemeint ist: als Deutung der Welt, allen Lebens und des eigenen Lebens in Bezug zu Gott. Und nicht zu falschen Göttern, die es zu allen Zeiten gab und gibt.

Beides zusammen geht nicht: „Entweder nehme ich die Bibel ernst oder wörtlich." Ein starker Satz gegen jegliche fundamentalistische Auslegung heiliger Schriften. Sei es nun, dass es sich um die christliche Bibel, die jüdischen Tanach und Talmud, den muslimischen Koran, die Veden, Bhagavadgita und Puranas des Hinduismus, die verschiedenen Bücher in den Verzweigungen des Buddhismus, der Guru Granth Sahib der Sikhs, die Fünf Klassiker und Vier Bücher des Konfuzianismus und alle anderen heiligen Bücher oder sogar um das Buch Mormon der Mormonen handelt.

Das sind zum Teil oder weitgehend oder für die jeweiligen Gläubigen ganz wahre Schriften – und ihre Wahrheit ist gefasst in Allegorien, Bilder,

Poesie, Prophetie, Philosophie, Geschichtsdeutungen und auch nicht wenig in Rätselhaftes. Es sind Schätze der Menschheit, voll Inspiration.

Als christlich Glaubender steht natürlich die Bibel mit dem Alten, dem hebräischen, und mit dem Neuen Testament bei mir an allererster Stelle. Sie enthält die Wahrheit, an die ich glaube und an die ich mich halte. Aber wörtlich nehme ich sie nicht. Ich glaube, dass die ganze Welt von Gott kommt und zu Gott zurückkehrt, dass ich sein Geschöpf bin und nie verloren, dass ich nicht allein das Ganze des von Gott geschaffenen Lebens abbilde, sondern in Beziehung mit anderen Menschen, als „Mensch und Menschin" (wie es die hebräische Bibel im Buch Genesis sagt), und mit der lebendigen Natur und dass Jesus Christus unser Herr ist und sein Wort die Frohe Botschaft. Und ich denke, dass der alte Darwin und seine Nachfolger 'ne Menge darüber herausgebracht haben, wie diese „Schöpfung" sich über Jahrmillionen entwickelt hat. Und dass der liebe Gott gar nichts gegen so eine kluge Erkenntnis hat.

Wohin eine wortwörtliche Auslegung der Bibel führen kann, erfuhr ich durch eine Geschichte, die mir eine Frau aus unserer Reisegruppe in Sizilien erzählte. Ihr Sohn ist Chirurg und eines Tages wurde ein junger Mann in die Klinik eingeliefert für eine lebensrettende Operation. Dieser junge Mann wurde begleitet von seiner Glaubensgemeinschaft, den Zeugen Jehovas. Sie schärfte durch deren Wortführer dem Arzt ein, auf keinen Fall eine Bluttransfusion vorzunehmen, selbst wenn es das Leben des Patienten kosten würde. Im OP-Saal sagte dann aber der junge Mann zu dem Arzt vor seiner Anästhesie: „Gell, Herr Doktor, Sie lasse mich nich im Stich?!"

Der Arzt fasste das wohl richtig auf, nämlich so, dass er dem jungen Patienten das Leben retten sollte, sofern das irgendwie möglich sein sollte, selbst wenn eine Bluttransfusion notwendig wäre. Und so geschah es.

Warum in aller Welt verweigern die Zeugen Jehovas eine Bluttransfusion? Nun, weil sie die Bibel wortwörtlich nehmen. Denn irgendwo in der Bibel steht geschrieben, im Blut sitze die Seele des Menschen. Und, klar, wenn man das wörtlich versteht, eins zu eins, und wenn dann medizinisch das Blut ausgetauscht oder Blut von Menschen vermischt wird, dann verliert ein Mensch mit der Blutabgabe einen Teil von seiner Seele und der andere, der das Blut erhält, hat zwei Seelen, die eigene und die des Blutspenders, oder er verliert sogar seine eigene Seele ganz und erhält die eines anderen Menschen.

Was für ein Unsinn! Natürlich ist die biblische Aussage vom Blut als Sitz der Seele nicht wissenschaftlich gesagt und nicht wortwörtlich zu verstehen, sondern im übertragenen Sinn.

Ich habe das verstanden, als ich zum ersten Mal mit großen Augen im Kino sah, wie Winnetou und Old Shatterhand miteinander Blutsbrüderschaft schlossen: Sie ritzten sich am Unterarm ein wenig mit dem Messer und legten die beiden leicht blutenden Arme aufeinander. Winnetou sagt: „Mein Bruder Old Shatterhand." Dieser antwortet: „Mein Bruder Winnetou." Und so hatte ich als Kind schon begriffen, dass es dabei nicht so sehr um ein blutiges Ritual geht und schon gar nicht um einen physischen Austausch zweier Köpersubstanzen oder die Übertragung von Blut als körperliche Verbindung zwischen zwei Menschen. Die „Blutsbrüderschaft" war der symbolische Ausdruck allertiefster Freundschaft und Liebe. Mit Küssen hätten die zwei das ja nicht so Kino-eindrucksvoll hingekriegt.

Und so bekommt auch das Wort beim Abendmahl von Jesus eine ganz andere und tiefere Ebene, wenn Jesus sagt: „Nehmt und trinkt alle davon. Das ist mein Blut." Es ist kein blutrünstiges Zauberritual, sondern es ist ein symbolisch aufgeladener Akt tiefster Liebe und Hingabe. Ach, wenn doch alle gläubigen Menschen auf dieser Welt das verstehen würden: dass alle religiösen Vorschriften und Regeln und alle religiösen Bilder einzig und allein daran auszurichten sind: an der Liebe und nichts als der Liebe.

Pinchas Lapide hat das gut erkannt und erklärt. Und damit vielen, egal welchen Glaubens, auch mir als Christ, beim Glauben geholfen. Danke!

Denn im Garten des Lebens ist die Liebe die am schönsten blühende Erkenntnis.

44. Kalenderwoche: Lebensherbst

Was bringt diese Woche?
Eine Weisheit: Je oller, je doller. Also: Je älter, desto verrückter.

Ich habe mich entschlossen, in meinem hohen Alter noch ein Musikinstrument zu lernen. Hm. Schon immer habe ich davon geträumt, wie der Clown in die Zirkusmanege auf die Bühne zu treten und melancholisch ein Lied auf der Klarinette zu spielen. So fragte ich also meinen Freund, den Musiklehrer Gerald Wasserfuhr: „Hör mal, kannst du mir auf der Klarinette ein Lied beibringen?"

Kann er. Und jetzt kriege ich das volle Programm. Mir tun die Backen weh. Seit vier Wochen lerne ich dieses wunderschöne Instrument zu spielen. Der Mundansatz ist wahnsinnig schwierig. Und jetzt spiele ich jeden Tag

Bunt sind schon die Wälder,
gelb die Stoppelfelder,
und der Herbst beginnt.
Rote Blätter fallen,
graue Nebel wallen,
kühler weht der Wind.

Ich gebe meinem Freund, dem Pastoralreferenten Norbert Caspers, recht, der bei uns in Wipperfürth im Gemeindebrief „MOSAIK" (Monatliche Sammlung Aktueller Informationen der Kirchen) in einer wunderschönen Weise geschrieben hat: „Ich gebe es zu. Der Herbst ist meine liebste Jahreszeit. Wer an einem strahlenden Herbsttag schon einmal im Gebirge auf einem Gipfel gestanden hat, der wird nie vergessen, was er dort sah. Es ist ein fast unwirklicher Blick einer weiten, weiten Welt in größter Klarheit und Transparenz. Der Blick geht über alles Vordergründige, das in den Tälern zurückbleibt, in die Ferne. Die großen Zusammenhänge der Landschaft, in denen man zuvor auf- und abgestiegen ist, werden überschaubar. Und wie im Jahres-, so auch im Lebenskreis."

Ja, er hat recht. Wenn ich auf den Frühling meines Lebens schaue, also auf die wilde Jugendzeit, klar, da war Sturm und Drang, aber im Grunde genommen war der Blick doch oft sehr vordergründig.

Jetzt, im Herbst meines Lebens, haben sich sowohl der Sturm als auch der Drang milde beruhigt. Aber der Blick ist irgendwie tiefer und breiter und klarer. Und wenn ich auf mein Leben schaue mit den Abstiegen und manchmal mühsamen Aufstiegen, so ergibt sich im Blick den Berg hinunter doch wie bei einem Webteppich eine Harmonie. Ich gebe zu, natürlich habe ich auch jetzt noch dunkle Seiten und Ängste und alles was dazugehört: Die Depression gehört zu mir wie die fröhliche und närrische Ader. Aber nie war ich innerlich mehr zufrieden als jetzt im Herbst meines Lebens.

Gut, der Herbst hat nicht nur schöne Seiten. Also kaum zu glauben, aber im Frühjahr meines Lebens war ich ein Spund. Ich habe mehr als 20 Kilo weniger gewogen und hatte volles, dichtes, langes Haar. Jetzt habe ich graue Haare und viel freie Fläche. Den kühlen Herbstwind spüre ich. Aber mir geht es gut.

Das Melancholische bringt die Klarinette in wunderschönen Tönen zum Schweben.

Und ihrem Spieler fällt natürlich wieder ein bekloppter Witz ein: Zwei Fliegen, Mutter und Tochter, gehen über eine Glatze. Sagt die Fliegenmama: „Ach Kind, nee, wie die Zeit vergeht! Als ich so alt war wie du, war hier ein dichter Wald mit nur einem ganz schmalen Fußweg."

Und im Garten des Lebens ist der Herbst eine wunderschöne Zeit mit Musik in der Paradiesluft – und mit klarem Blick auf die ganze Schöpfung.

45. Kalenderwoche: Was ist das Ziel?

Was bringt diese Woche?
Novemberstimmung.

Vor vielen Jahren sang die viel zu früh verstorbene und hinreißende Sängerin Alexandra mit ihrer dunklen, melancholischen Stimme – oft kopiert, nie erreicht – ein Lied über den November mit dem Titel *Was ist das Ziel* (Single *Sehnsucht / / Was ist das Ziel* von 1968). Im Radio, in meiner Sendung beim Domradio, habe ich das Lied tatsächlich selbst gesungen. Seien Sie also froh, nun nicht vor einem Rundfunkgerät, sondern mit einem Buch in der Hand und hoffentlich bequem zu sitzen. Und ich erzähle Ihnen schriftlich, ohne Missklang, was Alexandra so schön gesungen hat.

Die Novemberstimmung wird in dem Lied poetisch und sinnlich eingefangen: Regenwasser dringt durch die Kleider auf die Haut, rundum Kälte und Grau, Pfützen und welkes Laub. Der Natur, singt Alexandra, die durch diese absterbende Landschaft ihrer Wege geht, der Natur gefalle dieses Spiel. Aber was ist das Ziel?

Einer langen Tradition der deutschsprachigen Herbst- und Novemberpoesie folgend wird die absterbende Natur auch in diesem Lied zum Bild für den Menschen. In der zweiten Strophe heißt es, dass sogar die Vogelnester, aus denen doch neues Leben flatterte, nun leer stehen, dass der Rückzugsort für junge Liebespaare, ein Pavillon mit einer Bank darin, nun von Brettern vernagelt ist. Der einsamen Spaziergängerin bleibt nur das Träumen … Wie der Natur sind ihr lebensspendende Verbindungen und ein Ort lebendiger Zugehörigkeit offenbar abgestorben. Ein trauriges Spiel. Was ist das Ziel?

Die dritte Strophe wird nun ganz von der Novembereinsamkeit beherrscht, die den Menschen allgemein und hier besonders die Spaziergängerin befallen hat. Wohin ist das Glück, das es einmal gab? Kahle Bäume, graue Steine schauen sie durch den Regen an, sagen ihr so, obwohl schweigend, wie es um sie steht. Ihr Blick in den verhangenen Himmel ist eine Suche nach Trost. Aber sie hat schon erfahren müssen, dass auch der Trost des Sternenhimmels über uns vergänglich ist – wie das Glück.

Was ist das Ziel?

Was ist der Sinn in diesem Spiel? Der Natur gefällt es Jahr für Jahr. Aber dem Menschen?

Spätestens im November eines Jahres und im November eines Lebens versinkt alles im Tod, im Sterben, im Verwelken, im Dahingehen. Hat das einen Sinn? Ich habe es schon oft gesagt: Aus atheistischer Sicht ist kein Sinn dahinter. Es ist einfach so, dass alles Leben letztendlich im Sterben verschwindet. Brutal gesagt: in der Verrottung auf dem kosmischen Abfallhaufen des Nichts. Das ist der Sound des Novembers.

Wie in einem dunklen Spiegel hat die Regierung unseres Landes in der Corona-Pandemie im Jahr 2021 einen November-Lockdown verkündet. Für mich war das höchstens unangenehm, ich bin wohlsituiert, finanziell abgesichert. Aber meine Kolleginnen und Kollegen, die von den Bühnenauftritten, vom Publikum leben müssen? Was geschah mit den Restaurant- und Kneipenbesitzern? War das die Endstation? Der November? Das Sterben?

Es gibt, Gott sei Dank, eine vierte Strophe in Alexandras Lied. Und es gibt, Gott sei Dank, immer auch eine Strophe, die wir dem Leben in Widrigkeiten, Verzweiflung, Einsamkeit, Scheitern und Vergehen noch anfügen können. Das ist die Strophe der Hoffnung. Die tiefste Hoffnung kommt nicht aus immerwährendem Sonnenschein und selbstverständlichem Wohlergehen. Hoffnung wächst dann, singt Alexandra, wenn der Mensch bitter lernen musste, dass Wünsche offen bleiben, dass Lebensbeziehungen abbrechen, dass die Verzweiflung das Ersehnte und das Glück regelrecht aufgefressen hat. „Irgendwer" lenkt das Schicksal, heißt es im Lied „Was ist das Ziel", und zu diesem Schicksal gehört nicht nur das Sterben, sondern dann auch wieder das Werden. Nach dem November kommt auch wieder eine helle Jahreszeit. Nach der Einsamkeit kommt eine Wende. Ein Erblühen. Das Leben. Glück.

Die Hoffnung gibt diesem einsamen Menschen, den wir alle – aus der Nähe, in uns – kennen, die Kraft zum Atmen. Und wenn er atmet, lebt er, schafft er Neues, verbindet er sich mit anderen, wird er mit Leben beschenkt.

Was ist das Ziel, was ist der Sinn in diesem wechselhaften Spiel?

Aus dem Tod wächst neu das Leben. Das ist der Prozess der Natur, das ist das „Schicksal", wie Alexandra es nennt, der ganzen Schöpfung und des Menschen: Das Sterben und der Tod haben nicht das letzte Wort. Es gibt einen großen, einen großartigen Gegenentwurf.

Deshalb jetzt im Sterbemonat November schon ein Blick voraus auf den 25. Dezember:

An diesem Tag wurde in der Antike das Fest des *Sol Invictus* gefeiert, der unbesiegbaren Sonne. Die Christen übernahmen dieses Datum in der dunkelsten, in der toten Winterzeit: Denn gerade dann, wenn die Angst kriecht, wenn die Dunkelheit alles zu verschlingen droht, gerade dann kommt die Wende. Die Sonnenwende – und für uns Christen die endgültige Zeitenwende. In der Tat ist die Geburt des Kindes in der Krippe von Bethlehem ja bis heute nicht nur in christlichen Ländern eine Zeitenwende. Denn überall auf der Welt zählt man die Zeit nach diesem Ereignis. Das schwierige, dunkle Jahr 2021 mit seinem scheinbar immerwährenden November im Lockdown mündete auch in den Dezember, in eine Sonnen- und Zeitenwende, und dann wurden die heller werdenden Tage wieder neu gezählt nach der Geburt des Kindes …

Aus Verzweiflung wächst Hoffen. Aus Hoffnung wächst Leben. Das ist das Ziel in diesem Spiel.

Denn im Garten des Lebens siegt – in jedem Jahr – nicht die Dunkelheit, sondern das Licht, und es bringt uns neues Blühen.

46. Kalenderwoche: Heilige Elisabeth von Thüringen

Was bringt diese Woche?
Den Namenstag meiner lieben jüngsten Schwester: das Fest der heiligen Elisabeth von Thüringen am 19. November.

Dazu eine wahre Geschichte, die ich gerne erzähle und die ich meiner Schwester Elisabeth widme:

Wir befinden uns im Jahre 1207. Auf der Burg Rákóczi in Sárospatak im nordöstlichen Ungarn wird dem ungarischen König Andreas II. von seiner Gemahlin Gertrud von Andechs ein Kind geboren. Sie geben dem kleinen Mädchen den schönen Namen Elisabeth. Aber schon als Vierjährige muss Elisabeth die Geborgenheit der elterlichen Burg verlassen und umziehen auf eine andere Burg im damals sehr dunklen Thüringer Wald, denn sie war dem Sohn des thüringischen Landgrafen und Thronanwärters Ludwig bereits als Ehefrau versprochen. So ist das damals üblich. Allerdings scheint das kleine Mädchen das seelisch gut zu verkraften, denn die Chronisten schreiben: „Mit ihr war der Sonnenschein in die Wartburg eingezogen und keiner war, der nicht seine Freude daran hatte." Das Mädchen wächst heran zu einer Schönheit und heiratet dann, als sie alt genug war, wie vorgesehen Ludwig. Gott sei Dank ist diese arrangierte Ehe kein Flop und keine Qual, sondern von Anfang an bestimmt tiefe Liebe das Verhältnis der beiden, die ja auch gemeinsam aufgewachsen waren.

In die Wartburg, die erst dieser Landgraf Ludwig zu einem repräsentativen und einigermaßen wohnlichen Wohnsitz ausbaut, ziehen frohe Jahre ein. Bis das Jahr 1226 anbricht. Ich darf aus meinem Lieblingsheiligenbuch, „Der endlose Chor" von Wilhelm Hünermann, zitieren: „Im Jahre 1226 wurde ihr Gatte Ludwig von Kaiser Friedrich II. – wir kennen ihn als Barbarossa – nach Cremona gerufen. Das gleiche Jahr brachte über Thüringen eine furchtbare Hungersnot. Ungeheuer war das Elend der Armen. Man nährte sich von Wurzeln, Holzapfel, Schlehen und Hagebutten. Selbst das Fleisch von verendeten

Tieren wurde gierig verschlungen. Seuchen kamen im Gefolge des Hungers, Pandemien rafften Unzählige dahin. Da kannte die Liebe der Landesmutter Elisabeth keine Grenzen mehr. Mit kühner Hand griff sie in die landgräfliche Kasse, in der sich damals 64.000 Goldstücke befanden, die sie bis zum letzten zur Linderung der ungeheuren Not dahingab. Alle Vorratsspeicher ließ sie öffnen und das Getreide an die Hungernden verteilen. Sie hörte nicht auf das unwillige Murren der Höflinge, denen solche Einschränkungen des eigenen Wohlergehens nicht behagten. Sie hörte nur auf den Schrei der Not, der aus den Hütten der Elenden erklang."

Belegt ist der Satz, mit dem Elisabeth die Klagen der Höflinge zurückwies. „Wie kann ich eine goldene Krone tragen, während Christus eine Dornenkrone trägt, die sich in dem Elend der Armen spiegelt?" Ein wunderbarer Satz!

Aber das kann auf der Wartburg natürlich nicht lange gut gehen. Als die furchtbare Nachricht überbracht wird, Elisabeths Ehemann sei im fernen Italien an der Pest verstorben, wird sie von dessen Nachfolger, ihrem eigenen Schwager, mit ihren Kindern von der Wartburg vertrieben. Sie wird regelrecht zur Bettlerin. Erst durch Vermittlung des Erzbischofs wird ihr gnädig ein Witwensitz in Marburg zugewiesen und eine Abfindung von 500 Silberstücken. Von diesem Geld gründet sie ein Hospiz.

Als königliche Gesandte aus Ungarn kommen, um sie in die Pracht der elterlichen Königsburg zu holen, lehnt Elisabeth ab: „Hier bei den Armen ist mein Platz." Sie ist in Marburg geblieben und hat ihr Leben mit der Sorge um Arme und Kranke verbracht, sie ist dort gestorben und sie wurde in der Kapelle des von ihr gegründeten Hospizes begraben.

Man kann ihr Grab besuchen: Die Hospizkapelle ist in die später errichtete gotische und große Elisabethkirche integriert.

Immer wenn mir Zweifel kommen an mir selbst oder auch an der Kirche, kommen mir auch Menschen wie Elisabeth von Thüringen in den Sinn. Denn sie geben Hoffnung für diese Welt und sie geben auch Hoffnung auf die andere Welt.

Im Garten des Lebens ist diese Hoffnung, die lieben macht, der beste Dung; also: Heilige Elisabeth von Thüringen, bitte für alle anderen und den bergischen Jung!

47. Kalenderwoche: Weltuntergang

Was bringt diese Woche?
Den Weltuntergang.

Sonntags hören wir in diesen letzten Wochen vom Kirchenjahr bis in den Advent hinein oft apokalyptische Evangelien vom Ende der Welt. Das stimmt mich fröhlich.

„Am 30. Mai ist der Weltuntergang,
wir leben nicht mehr lang …"

Dieses heitere Liedlein war im Jahre 1953 ein Hit im Karneval und es ist die rheinische Aussage, dass man den Untergangsszenarien nicht anders begegnen kann als mit Heiterkeit. Die Lieblingsband unseres Kardinals Rainer Maria Woelki, die Toten Hosen aus Düsseldorf, hat das Lied neu aufgenommen. Außer dass in dieser neu getexteten Version – wie in der ersten – sehr viel getrunken wird angesichts des drohenden Weltuntergangs, wird es sprachlich ziemlich unanständig. Na ja. Das zitiere ich hier natürlich nicht.

Aber das, was die Toten Hosen heute singen, meint im Prinzip dasselbe, was der Texter Karl Golgowsky in den 1950er Jahren mit seinem Karnevalsgassenhauer sagen wollte. Damals entstand es in Erinnerung an eine zwar mondhelle, aber doch rabenschwarze Nacht, die vom 30. auf den 31. Mai 1942: Britische Bomber flogen in dieser Nacht in Reaktion auf die schrecklichen Zerstörungen und vielen zivilen Opfer durch deutsche Luftangriffe auf London und Coventry über Köln. Sie zerbombten Wohnungen, Kirchen, Fabriken, töteten etwa 490 Menschen. Für Köln und seine Bewohner war das ein Schock. Jetzt waren Krieg, Zerstörung und Tod wirklich in ihrer Heimatstadt angekommen. Diese Nacht ist bewahrt im kollektiven Kölner Gedächtnis. Und der Erfolg des Liedes ein Dutzend Jahre nach der Bombennacht war eine Art, mit diesem Schock und mit dieser Erinnerung umzugehen. Das Lied sagt: *„Carpe diem!"*, nutzt den Tag, denn man weiß nie, welcher der letzte ist. Und das singen die Toten Hosen auch, denn der „Super-GAU" könnte bevorstehen. Seid fröhlich, trinkt, genießt das Leben – denn der Weltuntergang kommt.

Das Untergangsszenario, in dem sich die Sonne verdunkelt, Sterne vom Himmel fallen, Engel und Dämonen erscheinen etc., ist ja das Lieblingsthema aller Sekten und aller Untergangspropheten. Ich möchte nicht wissen, wie oft die Zeugen Jehovas schon ihren angesagten Untergangstermin korrigieren mussten. Aber das bezieht sich natürlich nicht nur auf die Zeugen Jehovas. Vor dem Jahr 1000 nach Christus waren sich die Propheten und die Menschen einig: Bei der Milleniumswende geht die Welt unter. Und als im Jahr 1000 nix geschah, kam ein kluger Mensch auf die Idee: Moment, es steht doch in der Apokalypse die Zahl des Tieres 666. Also muss man 666 Jahre dazurechnen. So stand der Termin erneut fest: Im Jahre des Herrn 1666 geht die Welt unter. Und als wieder nichts geschah – tja, da musste ein neuer Termin gefunden werden. Und so kamen welche auf das Jahr 2000, und danach auf den Maya-Kalender und das ganz sichere Jahr des Weltendes: 2012. Und so weiter.

Warum erzähle ich das alles? Weil wir an diesen Sonntagen das Weltuntergangsszenario aus den Evangelien hören. Also nicht von einem durchgeknallten Guru, sondern von Jesus selbst. Meine atheistischen Freunde sagen darüber: „Das sind doch Szenen aus Marvel-Comics, und daran glaubst du, Willibert!?" Und ich antworte typisch katholisch mit einem entschiedenen Ja verbunden mit einem ebenso entschiedenen Nein.

Was denn nun? Ja oder nein? Beides! Ich bin natürlich mittlerweile geschult, die prächtigen und überbordenden Bilder aus der Sprache des Vorderen Orients, die Jesus auch spricht, zu entschlüsseln. Und das heißt wie so oft, sie nicht eins zu eins zu nehmen. Und Jesus war, wenn wir die Evangelien insgesamt betrachten, gewiss kein früher Marvel-Comic-Erzähler, sondern ein realistischer und aufmerksamer Betrachter seiner Mitmenschen und seiner Umgebung, der darauf reagierte, was er sah und was die Menschen brauchten. Und der von Gott nicht wie von Hulk oder Spider Man sprach, sondern eben auf seine Art: Vater im Himmel …

Aber was hat Jesus dann mit diesen Erzählungen gemeint? Das zu verstehen hat mir ein berühmter Satz aus der jüdischen Weisheitslehre geholfen, nachzulesen im Sanhedrin 37a des Talmud: Wenn du einen Menschen tötest, tötest du die ganze Welt. Wenn du einen Menschen rettest, rettest du die ganze Welt.

Diese Weisheitstradition setzt also die ganze Welt mit dem Leben eines einzigen Menschen gleich. Und es stimmt natürlich: Wenn ich im Tod untergehe, geht diese Welt, die ich erleben darf – ihre Bilder, ihre Töne, ihre Geschmäcker, ihr Hell und Dunkel, ihre Lebewesen, ihre Beziehungen, der Himmel darüber – und die ich mit allen Sinnen aufgenommen habe, diese Welt geht unter. Für mich persönlich wie für jeden anderen Menschen gibt es keine andere Welt als die, die jede und jeder in sich auf- und wahrnimmt. Wenn ich sterbe, verdunkelt sich die Sonne meines Lebens und meiner Welt. Die Sterne meines Lebens fallen herab in die Dunkelheit.

Dann tröstet mich die Botschaft Jesu. Dann schaue ich auf Ostern und die neue Sonne.

Ja, jede und jeder von uns muss in den apokalyptischen Untergang. Aber dann fallen wir nicht in die Schwärze und ins Nichts, sondern dann, wieder bildlich gesprochen, wird ein Engel erscheinen und meine Seele auffangen und mich tragen in die Sonne, die niemals untergeht, dahin, wo alle Tränen getrocknet werden, der Tod nicht mehr sein wird und wo die sich wiedersehen werden, die sich lieb hatten.

An den Untergang der Welt glaube ich, und deshalb stimmt er mich fröhlich.

Und im Garten des Lebens haben auch die Toten Hosen ihren Platz und wir singen gemeinsam „Am 30. Mai ist der Weltuntergang", aber ganz anständig, und freuen uns gemeinsam daran.

48. Kalenderwoche: Wachet auf!

Was bringt diese Woche?
Am Sonntag den 1. Advent.

Im Advent hatte ich im Jahr 2020 eine Operation. Ich habe den Hörerinnen und Hörern vom Domradio davon erzählt, sogar Sendungen direkt aus dem Krankenhaus gemacht.

Das war eine Operation mit Vollnarkose, mein Meniskus war kaputt. Tja, das Alter. Da ich aber mit der Gnade gesegnet bin, vor keiner Operation Angst zu haben, war es recht lustig.

Es fing am Morgen damit an, dass die Krankenschwester mir zur Vorbereitung der OP einen Edding in die Hand drückte und sagte: „Herr Pauels, würden Sie bitte das zu operierende Knie mit einem Kreuz kennzeichnen?"

Natürlich habe ich nicht nur ein Kreuz aufs linke Knie gemalt, sondern noch ein Smiley und einen Pfeil aufs Bein, der auf das Kreuz am Knie zielte, und den Zusatz: Bitte hier operieren.

Und so ging es dann weiter. Ich wurde durch die Krankenhausflure gefahren zum OP-Saal und ich grüßte rechts und links und man winkte mir von rechts und links freundlich zu. Im OP-Saal sagte ich der dort wartenden Mannschaft Guten Morgen. Und: „Mein Name ist Pauels, ich werde hier operiert." Ich weiß nicht, ob die das wissen wollten oder mussten, aber in den Filmen von Loriot stellt dieser sich so vor, als er den Supermarkt betritt: „Mein Name ist Lohse, ich kaufe hier ein."

Dann ging es auch schon los. Der Chirurg sagte zur OP-Schwester: „Geben Sie Herrn Pauels jetzt 200 Milliliter Propofol." Insider wie ich nennen das Narkosemittel ja Michael-Jackson-Droge. Denn dessen Arzt hat hat ihm das Mittel tagtäglich widerrechtlich verabreicht, er starb daran am 25. Juni 2009. Der Gerichtsmediziner von Los Angeles bezeichnete das später als Tötungsdelikt.

Jedenfalls frag ich den Arzt im OP-Saal, ob ich noch 50 Milliliter dazu kriege. Da sagte der Anästhesist schlagfertig: „Das darf ich nicht, Herr

Pauels. Aber ich packe Ihnen für unterwegs etwas ein." Leider musste die Knie-OP noch drei Mal wiederholt werden, weil sich ein verfluchter Keim eingeschmuggelt hatte. Und als ich Wochen später zum vierten Mal in denselben OP-Saal gerollt wurde, sagte der jetzt schon gut bekannte Anästhesist: „Herr Pauels, haben'se 'ne Zehnerkarte?" Ich grinste und antwortete: „Wir singen jetzt alle das Lied: ‚Fühl dich wohl mit Propofol'." Wieder das gleiche Spiel: Die Schwester setzte die Injektion, ich war in drei, höchstens vier Sekunden weg. Zum vierten Mal wachte ich wieder auf im Aufwachraum, frisch gewickelt wie ein Baby, und ich habe gedacht: Dat is doch net möglich! Ich war doch nur ein paar Sekunden weg und jetzt bin ich schon wieder operiert. Und wach.

Mir fiel dann der Ruf zur Wachheit ein, den wir in der Adventszeit so oft hören. „Wachet auf!", das steht in den Evangelien des Advents. Ich muss zugeben: Der Appell war mir immer unangenehm. Erstens kennen wir ihn aus dem Geschichtsunterricht als üble Parole der Nazis: Deutschland erwache! Und zweitens muss ich, wenn ich ihn höre, an die in meiner Sicht traurigen Männer und Frauen denken, an denen ich an den Straßenecken vorbeigehe und die stundenlang und Tag für Tag die Zeitschrift „Erwachet!" der Zeugen Jehovas den Passanten hinhalten, meistens unbeachtet.

Wirklich positiv assoziiere ich den Appell aber mit der göttlich schönen Kantate von Johann Sebastian Bach, dem „fünften Evangelisten", nach dem ebenfalls wunderschönen Choral von Philipp Nicolai, der auch in unserem Gesangbuch „Gotteslob" – Nr. 554 – steht.

Nicolai hat den Text damals so geschrieben:

> *„Wachet auff*
> *rufft uns die Stimme*
> *Der Wächter sehr hoch auff der Zinnen*
> *Wach auff du Statt Jerusalem.*
> *Mitternacht heißt diese Stunde*
> *Sie ruffen uns mit hellem Munde*
> *Wo seydt ihr klugen Jungfrauwen?*
> *Wolauff*
> *der Bräutgam kompt*
> *Steht auff*

die Lampen nimpt
Halleluia.
Macht euch bereit
Zu der Hochzeit
Ihr müsset ihm entgegen gehn."

Da erst, im Aufwachraum nach den OPs, wurde mir bewusst, dass dieser Ruf aus dem Evangelium, „Wachet auf!", kein nervöser oder aggressiver Weckruf ist, sondern der Appell: Bleibt und werdet wach! Bleibt wach für das Evangelium! Bleibt wach für die Liebe! Bleibt wach für den Advent eures Lebens, im Krankenhaus, im Alltag, im Alter, wo und wann auch immer.

Und diese Wachheit für Gott und die Liebe verlieh mir so viel adventliche Geborgenheit, dass ich mit diesem Weckruf in diesem seltsamen Aufwachraum wieder gut einschlafen konnte. Und das macht er mit mir heute noch.

Philipp Nicolai hat auch den Choral *Wie schön leuchtet der Morgenstern* gedichtet. Dessen letzte Strophe ist gewissermaßen die Erfüllung des Rufs und des Chorals „Wachet auf" und führt direkt in den Paradiesgarten:

„Wie bin ich doch so herzlich froh,
dass mein nun ist das A und O,
der Anfang und das Ende.
Er wird mich doch zu seinem Preis
aufnehmen in das Paradeis;
des schlag ich in die Hände.
Amen, Amen,
komm, du schöne Freudenkrone, säum nicht lange.
Deiner wart ich mit Verlangen." [24]

Also: „Wachet auf!"

Denn im Garten des Lebens kommt uns Gott tagtäglich entgegen.

49. Kalenderwoche: Heilige Barbara

Was bringt diese Woche?
Die Erzählung über eine starke Frau.
Wir schreiben das Jahr 2018. Am 4. Dezember, am Fest der Heiligen Barbara wird in Ibbenbüren symbolisch das letzte Stück Kohle aus der Erde geholt. Und damit ist im deutschen Kohlebergbau für alle Kumpel am Fest ihrer Schutzpatronin endgültig Schicht im Schacht.

Zeitenwechsel. Wir schreiben das Jahr 303. Am 4. Dezember stirbt im damals griechischen Nikomedia, dem heutigen Izmit in der Türkei, die junge Frau Barbara unter dem Schwert des Henkers. Was war geschehen? Ihr eigener Vater Dioscuros hatte sie dem Richter ausgeliefert, der Folter und dem Tod durch Enthauptung übergeben, weil Barbara in seiner Meinung die Familienehre beschmutzt hatte. Zur gleichen Zeit fand die Christenverfolgung unter dem römischen Kaiser Maximian statt, und Barbaras Martyrium gehört dazu. Viele kennen die Barbaralegende, hier sei sie nur ganz kurz nacherzählt:

Barbara war eine sehr schöne und kluge junge Frau. Ihr Vater versuchte, sie von der Außenwelt abzuschirmen, und sperrte sie in einen eigens dafür gebauten Turm. Viele junge Männer aus Nikomedia hielten um ihre Hand an. Barbara jedoch wies die Verehrer alle zurück. In Abwesenheit ihres Vaters nahm Barbara den christlichen Glauben an und entschied sich, als Eremitin in einem Badehaus zu wohnen, das ihr Vater erbaut hatte. Dort ließ sie ein drittes Fenster hinzufügen – als Symbol der Dreifaltigkeit. Als ihr Vater von ihrer Bekehrung zum Christentum erfuhr, versuchte er in rasender Wut, seine Tochter zu töten. Auf der Flucht öffnete sich vor Barbara ein Felsen – wegen dieses Wunders der Öffnung eines Tunnelweges im Berg ist sie ja die Schutzpatronin aller Bergleute und Tunnelbauer. Doch ein Hirte verriet sie. Da wurde sie gefangen genommen und vor einen Richter gebracht, der das Todesurteil aussprach und sie foltern ließ. Dioscuros selbst enthauptete seine Tochter und wurde danach vom Blitz erschlagen.

Warum aber wird die Geschichte heute noch erzählt? Ist es doch „nur" eine Legende und an historischen Fakten über Barbara wissen wir kaum etwas. Aber wie ich immer mit Novalis sage: „In Märchen und Gedichten steh'n die wahren Weltgeschichten." Denn auch heute noch ist es in archaischen Kulturen durchaus Brauch, das eigene Kind zu töten oder töten zu lassen, wenn die Familienehre „beschmutzt" ist. Väter sind die Henker ihrer Töchter, Brüder ihrer Schwestern. Fast immer trifft es die Frauen in der Familie, kaum die Männer.

Die sehr alte Barbaralegende, die – und das ist historisch nachgewiesen – mindestens schon seit dem 7. Jahrhundert überliefert wird, wahrscheinlich entstand sie noch viel früher, diese Legende ist ein Paradebeispiel dafür, dass eine gute Auswirkung des Christentums die ist, mit diesem furchtbaren Überideal der Familienehre und der brutal zu tilgenden kollektiven Familienschande zu brechen.

An erster Stelle muss immer die Liebe stehen, sagt das Christentum, nicht die Familienehre, der gute Ruf der Familie oder die Verteidigung der Sippe. „Hätte ich aber die Liebe nicht, so wäre mein Glaube nichts", sagt Paulus. Das ist das innerste Wesen des Christentums. Und die Legende von Barbara bestätigt dies.

Fehlt nur noch mein Lieblingswitz bzw. meine Lieblings-wahre-Geschichte über das Wesen der Bergleute:

Wir befinden uns in den 60er Jahren des letzten Jahrhunderts irgendwo im Kohlenpott auf einer Zeche. Der katholische Bischof Franz Hengsbach von Essen ist zu Besuch. Alle katholischen Kumpels sind versammelt. Der Bischof steht vor ihnen und erhebt seine Hand, um alle zu segnen. Natürlich gehen alle katholischen Kumpels auf die Knie. Einer bleibt stehen. Alle starren ihn an. Stille.

Der stehende Mann ruft dem Bischof zu: „Ich gehöre nich bei euern Verein."

Der Bischof will volksnah und freundlich sein und ruft zurück: „Das ist überhaupt kein Problem. Ich vermute, Sie sind ein Anhänger von Dr. Martin Luther."

Darauf der Kumpel: „Oh nä! Hör mich bloß auf mit de Knappschaftsärzte."

(Laut Auskunft meines Bühnenkollegen Klaus Rupprecht, der mir diese Geschichte erzählte, ist die nicht erfunden, sondern habe sich wirklich so abgespielt.)

Wie sagt der Italiener: „Se non è vero, è molto ben trovato." Wenn es nicht wahr ist, ist's doch gut erfunden.

Wie herrlich!

Im Garten des Lebens ist nicht die Familienehre, sondern sind der Humor, der Zusammenhalt und aufrechte Menschen gut fürs allgemeine Gedeihen.

50. Kalenderwoche: „Unbefleckt" und ohne Erbsünde?

Was bringt diese Woche?
Erst mal ein wunderbares Geständnis.
Und dann kommen wir zum Thema Maria Empfängnis und Erbsünde. Das wunderbare Geständnis kommt von Hans Conrad Zander. Er bekannte einmal, dass ihm bei jungen Mädchen und alten Priestern das Herz weich werde.

Ich erweitere diese Aussage um folgende Formulierung: Bei jungen Mädchen, alten Priestern und Ordensfrauen wird mein Herz weich.

Zugegeben, es gibt Nonnen, die sind regelrechte Drachen. Wer kennt sie nicht, die sprichwörtliche „Schwester Rabiata"? Aber mindestens ebenso viele, wahrscheinlich noch viel mehr, sind wunderbare, emanzipierte, bodenständige Frauen. Eine von diesen Frauen heißt Schwester Christa Monika und ist 81 Jahre alt. Diese Ordensfrau schrieb mir auf ein Wort zum Samstag im Domradio einen kritischen Brief. Ich hatte in dieser Radiobotschaft vom Fest der unbefleckten Empfängnis Mariens erzählt, von Maria Immaculata, Maria ohne jede Macke. Darauf schrieb mir die Ordensfrau:

> *„Lieber Herr Pauels!*
> *Eigentlich heißt dieses Fest ja ‚Maria ohne Erbsünde empfangen'.*
> *Und das Thema Erbsünde ist dermaßen von Missverständnissen*
> *umringt und von theologischen Klimmzügen vergiftet, dass Ihr*
> *Beitrag leider auch keine Klärung bewirkt hat."*

Ich fand den Brief toll und so sei es mir erlaubt, meinen Antwortbrief an Schwester Christa Monika hier vorzulegen:

Liebe Schwester im Weinberg,
über Ihre kluge Mail habe ich mich gefreut, obwohl ich ja ein bisschen Haue bekommen habe. Zunächst einmal ist das Problem, dass ich für mein Wort zum Samstag maximal fünf-komma-dreißig Minuten zur Verfügung habe. Und Erbsünde – darum geht es ja letztlich – ist kein Thema für fünf Minuten. Sogar mein guter Bekannter und Kollege Doktor Eckart von Hirschhausen, bestens evangelisch-christlich, sagte zu mir: „Ich kann ja den Dogmen wohlwollend folgen. Aber bei der Erbsünde hört es auf. Wie soll denn ein unschuldiges Baby schon sündig sein?" Ich erklärte Sünde dann so, wie ich es hoffentlich nicht vergeblich im Radio versucht habe. Es bedeutet eben in diesem Zusammenhang nicht Schuld, sondern Getrenntsein. Wir kennen diese Bedeutung von „Sünde" aus dem deutschen Wort „absondern", es hat denselben Wortstamm. „Sünde" heißt also im Ursprung nicht „Schuld", sondern „Getrenntsein" von Gott. Denn seit der Vertreibung der Gotteskinder aus dem Paradies sind alle lebenden Wesen nicht in glückseliger Einheit mit Gott verbunden, sondern – in Anführungsstrichen! – in „geerbter" Trennung. „Deshalb", sagt Paulus, „seufzt die Welt noch immer in Unvollkommenheit."
Er hätte auch sagen können: in Trennung. Was uns bleibt, ist die unstillbare Sehnsucht, der unstillbare Durst, wie Ernesto Cardenal sagt, nach dem verlorenen Paradies. Für mich heißt das: nach Gott, also da, wo alle Tränen getrocknet werden, wo alle Trennung aufgehoben ist. Wenn das jüdische Mädchen Maria wirklich die Mutter Gottes ist, ist es plausibel zu sagen, dass sie der einzige Mensch ohne diese „geerbte" Trennung – nicht: geerbte Schuld! – war, schon allein deshalb, weil sie den Herrn Jesus neun Monate in ihrem Leib getragen hat, bevor sie uns und der ganzen Welt den Erlöser gebar. Und weil er zu uns kam, sind wir Gott ja schon mal aus der Ferne ein Riesenstück nähergekommen. Liebe Schwester Christa Monika, ich hoffe, meine Gedanken waren jetzt etwas klarer für Sie. Ich würde mich freuen, wenn Sie mir schreiben.

Von Herzen,
Ihr Willibert.

PS: Eckart von Hirschhausen fand meine Erklärung über die Erbsünde gut.

Denn im Garten des Lebens lässt die Sehnsucht nach Gott und nach der Einheit mit ihm die schönsten Zweige und Blüten treiben.

51. Kalenderwoche:
Gott ist groß – und ganz klein

Was bringt diese Woche?

Sie warten auf das Weihnachtsfest. Ich bringe Ihnen vorher schwarzen Humor.

Den liebe ich ja. Also folgende Geschichte:

Eine alte Dame, eine richtige alte Oma, kommt in einem vollen Zug in ein überfülltes Eisenbahnabteil und möchte sich gerne setzen. Sie fragt: „Kann vielleicht jemand hier einer alten Frau Platz machen?" Keiner rührt sich. Alle bleiben sitzen und gucken weg. Da hat die Oma eine Idee und ruft, so kräftig sie kann: „Allahu Akbar!" Und, zack, ist das Abteil leer und sie kann sich hinsetzen.

Der Ruf, den wir alle kennen, Allahu Akbar, bedeutet „Gott ist groß" und wird ergreifend in allen muslimischen Ländern von einem Muezzin von den Türmen der Minarette gesungen. Damit werden die Gläubigen zum Gebet gerufen.

Wir erschrecken aber mittlerweile bei dem Ruf Allahu Akbar, weil er die perverseste Verdrehung durch islamistische Terroristen erfahren hat. Vor einem grausamen Anschlag, bei dem Menschen hingemetzelt werden, ruft der Täter Allahu Akbar – dann zündet er die Bombe.

Georg Gänswein, Erzbischof und Sekretär des emeritierten Papstes Benedikt XVI., sagte einmal: Allahu Akbar, „das heißt auf Deutsch: ,Gott ist der Größte!' Da würden wir gern mit einstimmen. (…) Das Wimmern des Kindes in der Krippe aber flüstert uns das Gegenteil ins Ohr: ,Gott ist der Kleinste.'"[25]

Allahu Akbar heißt auch: Gott ist der Kleinste. Und das ist tatsächlich die Beschreibung des provozierenden Wunders der Christenheit. Als einzige Religion verkündet sie, dass der, der der Größte des ganzen Universums ist, jenseits von Raum und Zeit, der nicht denkbar, nicht begreifbar, nicht darstellbar ist, der Gott, dem wir nur hilflos diese vier Buchstaben geben können, dass dieser unbegreiflich große Urgrund von allem ein kleiner Mensch wird, ein kleines, hilfloses Wesen am Rand der kleinen Stadt Bethlehem, schwach, wehrlos, ganz auf die Hilfe anderer angewiesen.

Allahu Akbar. Und: Gott ist der Kleinste. Nackt und im Blut der Geburt kommt er auf die Welt. Und später geht er ebenso nackt und blutig aus dieser Welt. Das ist eigentlich eine Zumutung. Der Größte macht sich zum Wehrlosen, zum Kleinsten. Alles nur einigermaßen begreifbar aus einem einzigen Grund: Damit wir verstehen, wie der Unbegreifliche in seinem innersten Wesen ist, muss er selbst begreifbar werden. Gott ist in seinem innersten Wesen nichts anderes als Liebe.

Die Liebe ist immer wehrlos, immer unschuldig, immer ehrlich. Das empfinden besonders junge Liebende als erste und schöne, sie tief beeindruckende Erfahrung, wenn sie zusammenkommen.

Deshalb sagt der großartige Theologe Hans Urs von Balthasar: „Die Liebenden wissen am meisten von Gott, ihnen muss der Theologe zuhören."[26]

Wenn wir zum ersten Mal unschuldig und wehrlos das Verliebtsein erfahren, dann haben wir eine Ahnung vom innersten Wesen Gottes. Dann haben wir eine Ahnung, warum Gott Mensch geworden ist. Wer auch immer sich schwertut mit dem Glauben an Gott, muss selbst bei sehr nüchterner Betrachtung anerkennen: Dieser Einbruch Gottes in die Menschheit, im Kind von Bethlehem, ist die Seele des Abendlandes geworden.

Gott ist groß, ja! Aber da, wo wir Gott groß nennen, um uns selbst zu erhöhen über die Maßen, uns zum Richter und manchmal sogar Henker über andere machen, wo wir im Namen seiner Größe und Wahrheit Religion dazu benutzen, Menschen zu gängeln, zu verurteilen, zu beherrschen, zu missbrauchen, der Gewalt auszuliefern, da tritt uns Gott selbst als kleines, schwaches Kind entgegen. Das nicht beherrscht werden will und nicht herrschen will, sondern nur: geliebt.

Im Garten des Lebens rufen die Menschen Allahu Akbar und schauen dabei auf die spielenden Kinder.

Frohe Weihnachten wünscht der bergische Jung!

52. Kalenderwoche: Das logische Weihnachtsevangelium

Was bringt diese Woche?

Ein Weihnachtsevangelium. Aber nicht das, woran jetzt alle denken.

Wirklich alle kennen die Weihnachtsgeschichte aus dem Evangelium des Lukas (Lk 2,1–11):

> *„In jenen Tagen erging ein Erlass des Kaisers Augustus, den ganzen Erdkreis (in Steuerlisten) einzutragen. (…) Auch Josef zog von der Stadt Nazaret in Galiläa hinauf nach Judäa in die Stadt Davids, die Betlehem heißt. Denn er war aus dem Haus und Geschlecht Davids. Er wollte sich mit Maria eintragen lassen, seiner Frau, die schwanger war."*

Und dann der zentrale Satz:

> *„Während sie dort waren, kam für Maria die Zeit ihrer Niederkunft, und sie gebar ihren Sohn, den Erstgeborenen, wickelte ihn in Windeln und legte ihn in eine Krippe, weil in der Herberge für sie kein Platz war."*

Und dann verkündet der Engel den Hirten auf dem Feld: „Fürchtet euch nicht!" … und die Engel singen Gloria … und die Hirten eilen und finden das Kind in der Krippe … und sie rühmen Gott …

Denn ihnen – und uns – war der Retter geboren, Christus, der Herr. Wunderschön! In diesen Tagen haben wir dieses Evangelium gehört, gelesen, daran gedacht, und es berührt uns immer wieder neu.

Aber dieses Evangelium meine ich diesmal nicht. Sondern das andere, das etwas eigenartige Weihnachtsevangelium, nicht so anschauliche, das ohne Krippe, Maria und Josef, Engel und Hirten auskommt, diese Mischung aus religiöser Verkündigung und Philosophie:

„Im Anfang war das Wort,
und das Wort war bei Gott,
und Gott war das Wort.
Es war im Anfang bei Gott.
Alles ist durch es geworden,
und ohne es ist nichts geworden, was geworden ist.
In ihm war das Leben,
und das Leben war das Licht der Menschen.
Und das Licht scheint in der Finsternis,
und die Finsternis hat es nicht ergriffen.

(…)

(Das Wort) war das wahre Licht, das jeden Menschen erleuchtet;
es kam in die Welt.

Er war in der Welt, und die Welt ist durch ihn geworden,
und die Welt hat ihn nicht erkannt.
Er kam in sein Eigentum, und die Seinigen nahmen ihn nicht auf.
Allen aber, die ihn aufnahmen,
gab er Macht, Kinder Gottes zu werden,
denen, die an seinen Namen glauben,
die nicht aus dem Blut,
nicht aus dem Willen des Fleisches,
nicht aus dem Willen des Mannes,
sondern aus Gott geboren sind.

Und das Wort ist Fleisch geworden
und hat unter uns gewohnt
und wir haben seine Herrlichkeit geschaut,

*eine Herrlichkeit, wie sie der einzige Sohn vom Vater hat,
voll Gnade und Wahrheit."*

(Joh 1,1–14)

Was soll das? Nun, in der Tat ist es ein Bekenntnis des Evangelisten Johannes, das er bewusst an den Anfang seines Evangeliums gesetzt hat. Es ist ein eindeutiges Bekenntnis zur Philosophie, zur Vernunft, zur Ratio, zur Wissenschaft des Denkens. Denn auf Griechisch heißt „Wort" nichts anderes als „Logos", von dem unser Wort „logisch" kommt.

Warum ist Johannes dies so wichtig? Philosophie am Anfang der Frohen Botschaft, wie er sie aufschreibt. Nun, weil es damals genauso war wie es heute ist: Aufgeklärte wissenschaftliche Menschen lehnen die Religion ab, weil sie unwissenschaftlich sei. Dieser Vorwurf ist nicht ganz aus der Luft gegriffen. Auch heute gibt es zahlreiche fundamentalistische religiöse Menschen, die sagen, jede menschliche Wissenschaft, jede Forschung und Erkenntnis habe sich eindeutig dem Glauben und den religiösen Dogmen unterzuordnen. Wissenschaft müsse immer unter dem Glauben stehen.

„Quatsch!", sagt Johannes. Und Quatsch! sagt jeder gesunde religiöse Mensch. So wie ein Vogel beide Flügel braucht, um sich jubelnd in die Lüfte zu erheben, braucht auch die Religion beides, Glaube und Vernunft. Wenn der Glaube einer bewiesenen wissenschaftlichen Erkenntnis widerspricht, ist dieser Glaube abzulehnen. Wenn jemand nicht dieser Ansicht ist, soll er aufpassen, dass er am Rand der Erdenscheibe nicht herunterfällt. Wahrhaftige Wissenschaft kann Glauben und Religion korrigieren. Und wahrhaftiger Glaube ist offen und dankbar für vernünftige Erkenntnis.

Aber es gibt doch in unserem Glauben viele Dinge, die nicht wissenschaftlich verifizierbar sind? Zum Beispiel der Glaube an Gottes Menschwerdung oder an die Auferstehung.

Im Glauben vernünftig und durch Vernunft korrigierbar zu bleiben heißt doch keinesfalls, das Transzendente, das Mystische, selbst das Magische aus der Religion zu vertreiben! Im Gegenteil: Es darf nur der Vernunft und der Wissenschaft nicht widersprechen, es kann und darf und soll sie sogar ergänzen: das innige Gebet die medizinische Operation, die

Erkenntnisse Darwins die Dankbarkeit für die Schönheit der Schöpfung, die Quantenphysik der Glaube an die Ewigkeit ...

Glaube und Vernunft gehören zusammen, beide brauchen einander. Aus gläubiger Sicht heißt das: Die Welt ist nicht nur wissenschaftlich zu erklären, denn so viel uns Forschung auch sagen kann, sie kann nicht alles – und kluge Naturwissenschaftler wissen das. Es gibt einen Bereich, der alles Materielle, alle Biochemie, alle Physik und alle menschliche Logik unendlich übersteigt.

Wenn Sie ein Baby nach der Geburt im Arm halten, ist Ihnen bei aller Kenntnis der Evolution, der Erblehre, der Rolle der Triebe, der komplexen biologischen Prozesse bei der Entstehung und während einer Schwangerschaft, der medizinischen Hilfeleistungen vor, bei und nach der Geburt vor allem eines absolut klar: ein Wunder! Sie halten ein Wunder auf den Armen!

Genauso kann der Glaube nicht alles über die Welt sagen. Um die immer besser zu verstehen, brauchen wir Wissenschaft und Forschung.

In welchem Verhältnis stehen sie denn nun zueinander? Niemand hat das schöner gesagt als der 1933 im Erzgebirge geborene, zunächst in der DDR, dann im Westen, dann im vereinigten Deutschland schreibende Poet Rainer Kunze in einem Gedicht. Es steht in seinem Poesieband *Brief mit blauem Siegel* von 1973. Kunze ersetzte allerdings das Wort Glaube, um den uns hier geht, durch das Wort Liebe. Wenn Sie mit dem neugeborenen Baby auf dem Arm den „Glauben an das Wunder" durch „Liebe zu diesem neuen Geschöpf" ersetzen, ist Ihnen auch völlig klar: ist ein und dasselbe. Und wir Christen wissen ja auch, dass Glaube und Liebe dasselbe ist.

Rainer Kunze vergleicht die Liebe – ich könnte sagen: den Glauben – in seinem Gedicht mit einer wilden Rose. Diese Wildrose wächst und wuchert in uns, wenn wir lieben. Sie braucht Platz, streckt sich hierhin, dahin, wie in der Natur, so in uns. Die Liebe, also die Rose in uns, wächst beim Menschen durch Blicke in die Augen, durch Berührungen der Wangen, der Haut, ihre Wurzeln, ihre Gefühle greifen aus und reichen tief und immer tiefer. Sie braucht wirklich viel Platz.

Zunächst geschieht das, so verstehe ich Rainer Kunze, wirklich wuchernd, unkontrolliert, maßlos. Das macht Liebe doch aus! Irgendwann, an einem Tag, in einer Stunde, wird deutlich: Es braucht eine gewisse Mäßigung. Der Verstand im Menschen versteht die Liebe zwar nicht, denn sie ist frei und verhält sich, wie sie will, nicht nach den vernünftigen Vorgaben des Verstandes, aber er sieht, was durch die Liebe geschieht, und will sie aus der wild wuchernden Unbestimmtheit in eine Richtung, in ein auf Dauer und Zukunft gerichtetes Wachstum bringen.

Da schreibt Kunze: Der Verstand ist ein Messer. Der Verstand ist unser Messer, um dieser wunderschönen Rose in uns den nötigen Platz und Luft zu schaffen, ihre Wucherungen zu beschneiden, ihr genügend Sonnenlicht zu bewahren, sie zu sichern – die Pflanze im Ganzen eines Gartens, könnte ich sagen, oder: die Liebe im menschennotwendigen Alltag. In einem realen Garten ist es so: Die Triebe einer Pflanze mit vielen Blättern können so viel Schatten werfen, dass die Pflanze selbst darunter leidet, weniger oder keine Blüten mehr hervorbringt, an sich selbst nahezu erstickt. Sie zu beschneiden heißt also, ihr zum Blühen zu verhelfen. Das ist genau das Gegenteil von herausreißen, mit Gift zersetzen, zerstören. Sondern schneiden, um zu hegen und zu bewahren, damit sie umso besser wachsen und blühen kann – Jahr für Jahr. Das Messer schneidet der Rose durch zu viele ihrer Verzweigungen einen Himmel.

Kostbar, so ein Wort: Liebe. Glaube. Wie eine wilde, wunderschöne Blume, die im Garten wuchert. Der Verstand ist das Messer, welches die Rose, den Glauben, bewahrt vor der Verschattung einer verkitschten religiösen Gefühligkeit, indem er den Himmel darüber frei schneidet und Licht in den Garten des Lebens lässt.

Denn in diesem Garten des Lebens war am Anfang das Wort. Und im Kind von Bethlehem schauen wir seine Herrlichkeit.

Und es endet in einem Garten: Aus dem Baumstumpf ... ein neues Paradies

Aus Isais Stumpf aber sprosst ein Reis,
ein Schössling bricht hervor aus seinem Wurzelstock.
Auf ihm ruht der Geist des Herrn:
der Geist der Weisheit und der Einsicht,
der Geist des Rates und der Stärke,
der Geist der Erkenntnis und der Furcht des Herrn.
Nicht richtet er nach dem Augenschein,
noch fällt er sein Urteil nach dem Hörensagen.
Sondern er richtet die Geringen in Gerechtigkeit
und spricht ein gerechtes Urteil über die Armen des Landes.

(…)

Gerechtigkeit ist der Gurt seiner Hüften
und Treue der Schurz seiner Lenden.
Dann wohnt der Wolf bei dem Lamm
und lagert der Panther bei dem Böcklein.
Kalb und junge Löwen weiden gemeinsam,
ein kleiner Junge kann sie hüten.
Die Kuh wird sich der Bärin zugesellen
und ihre Jungen liegen beieinander;
der Löwe nährt sich wie das Rind von Stroh.
Der Säugling spielt am Schlupfloch der Otter
und in die Höhle der Natter streckt das entwöhnte Kind seine Hand.
Sie schaden nicht und richten kein Verderben an
auf meinem ganzen heiligen Berg,
denn das Land ist voll der Erkenntnis des Herrn,
wie die Wasser das Meer bedecken.

(Jesaja 11,1–9)

Und er zeigte mir einen Strom, das Wasser des Lebens, klar wie Kristall;
er geht vom Thron Gottes und des Lammes aus.
In der Mitte zwischen ihrer Straße und dem Strom,
auf seinen beiden Seiten, stehen Bäume des Lebens,

die zwölfmal Früchte tragen.
Jeden Monat spenden sie ihre Frucht und
die Blätter des Baumes dienen zur Heilung der Völker.

(Offenbarung des Johannes 22,1–2)

Anmerkungen

1 *Die ganze Szene steht im Lukasevangelium*, Kapitel *23, Verse 39 bis 43.*
2 Vgl. Joh 20,15.
3 Vgl. Hans Conrad Zander, Joachim, mir graut's vor dir. Die klassische Einführung in die Komik der Religion, Berlin 2017, S. 97.
4 2. Kor 12,2–4.
5 Vgl. 1. Kor 13,2–3. In dem berühmten „Hohelied der Liebe" heißt es wörtlich: „Und wenn ich die Prophetengabe hätte und alle Geheimnisse wüsste und alle Erkenntnis und wenn ich allen Glauben hätte, sodass ich Berge versetzen könnte, hätte aber die Liebe nicht, so wäre ich nichts. Und wenn ich alle meine Habe verschenkte und wenn ich meinen Leib zum Verbrennen hingäbe, hätte aber die Liebe nicht, so nützte es mir nichts."
6 Die ganze Episode der Darstellung des Herrn steht im Lukasevangelium 2,21–40.
7 Johann Wolfgang Goethe, Faust – Der Tragödie erster Teil.
8 Leif Lasse Andersson, Noch nicht tot bisher, BILD.de Ü50 Kolumne vom 18.08.2021, https://www.bild.de/news/inland/news-inland/ue50-kolumne-alt-werden-ist-kein-kindergeburtstag-77685180.bild.html (Stand: 13.09.2022).
9 Tomáš Halík, Die Zeit der leeren Kirchen. Von der Krise zur Vertiefung des Glaubens, München 2021.
10 Paul Badde, Das Grabtuch von Turin oder das Geheimnis der heiligen Bilder, München 2010.
11 Vgl. Lk 6,21.
12 Im Folgenden frei nach Hans Conrad Zander, Die emanzipierte Nonne, Erstveröffentlichung Münster 2004, S. 87–90.
13 Franz Meurer, Glaube, Gott, Currywurst, München 2020.
14 Die drei Evangelien von Markus, Matthäus und Lukas enthalten dieses Gleichnis, vgl. z. B. Mk 4,31 oder Lk 13,18–19.
15 Aus dem Klappentext von Walter van Laack, Unser Schlüssel zur Ewigkeit, Aachen 2015.

16 Hans Conrad Zander, Seneca im Gasometer. Höchst sonntägliche Exerzitien, Gütersloh 2012, S. 12.
17 Lied von Georg Thumair, Gotteslob Nr. 505.
18 Die Geschichte steht im Lukasevangelium, Kapitel 7, Verse 36–50.
19 Das ganze Magnificat steht im Lukasevangelium 1,46–55.
20 Dietrich Bonnhoefer, Akt und Sein. Transzendentalphilosophie und Ontologie in der systematischen Theologie, in: DBW 2, München 1988, S. 112; sowie ders., Widerstand und Ergebung, in: DBW 8, Gütersloh 1998, S. 514.
21 Hans Küng, Credo. Das Apostolische Glaubensbekenntnis – Zeitgenossen erklärt, Verlag Piper, München 1992, S. 202.
22 Benedikt XVI., Predigt am Dreifaltigkeitsfest, 6. Juni 2004, in Bayeux, in: Werte in Zeiten des Umbruchs, Freiburg 2005, S. 152.
23 Hans Conrad Zander, Von der Leichtigkeit der Religion. Kleine katholische Kalorienkunde, Patmos Verlag, Düsseldorf 1999, S. 66 f.
24 Philipp Nicolai, Wie schön leuchtet der Morgenstern von Philipp Nicolai, 1597, in: Gotteslob Nr. 357.
25 Georg Gänswein, Gedanken zum Fest der Geburt Christi. CNA Deutsch, catholicnewsagency.com, 24.12.2018.
26 Hans Urs von Balthasar, Glaubhaft ist nur Liebe. Einsiedeln 1963, S. 7.

Wer hilft, wenn das Leben zuschlägt?

192 Seiten | Gebunden
ISBN 978-3-451-38858-3

Der Bergische Jung Willibert Pauels, Kölner Karnevals-Original und katholischer Diakon, erschließt den eigentlichen Kern von Religion, Christentum und Kirche: Der Glaube ist nicht dazu da, um uns anständige Manieren beizubringen, sondern einer geschundenen und zerrissenen Welt Trost zu bringen. In 12 beispielhaften Geschichten, immer wieder humorvoll unterbrochen, erzählt Pauels, worauf es wirklich ankommt. Mit einem lachenden Auge, aber immer tiefgründig.

In jeder Buchhandlung!

HERDER www.herder.de

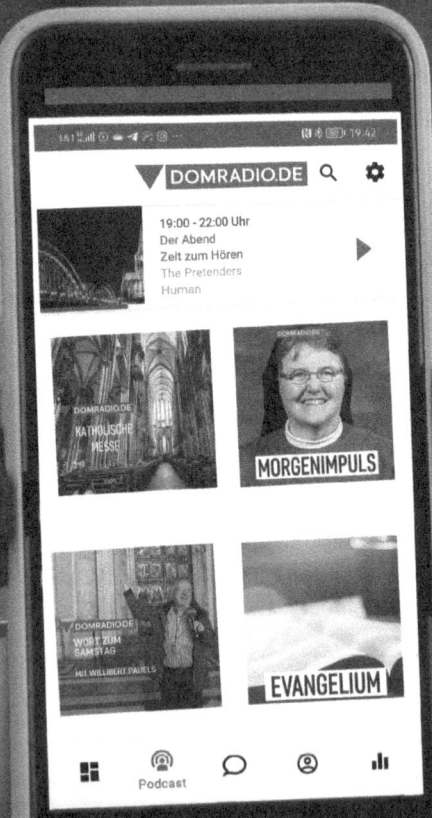